 Wattenmeer

Inhaltsverzeichnis

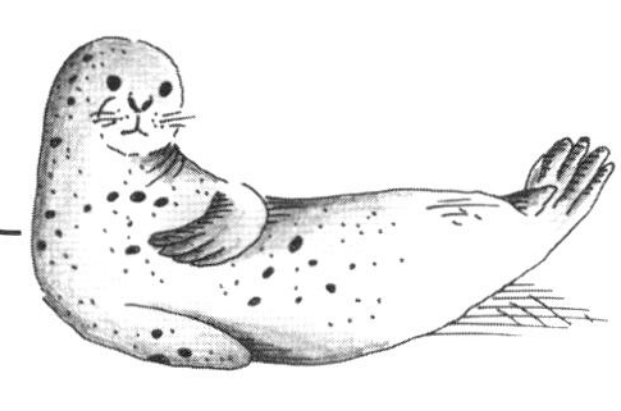

BVK LW40 · Bungardt / Rathmann / Sanders / Schnitzler: Lernwerkstatt „Wattenmeer"

Wattenmeer

Vorbemerkungen

Das Wattenmeer – eine fächerübergreifende Lernwerkstatt

Unter einer Lernwerkstatt verstehen wir ein offenes, themengebundenes Lernangebot. Die vielfältige Auswahl an Lernsituationen und Lernmaterialien bietet Raum für Einzel-, Partner- und Gruppenarbeit. Neben den themengebundenen Zielen gilt es, die Schüler zur Selbststeuerung ihres Lernens innerhalb einer Sozialgemeinschaft zu befähigen. Die Kinder entscheiden selbstständig, wann sie welches Lernangebot bearbeiten. Sie sind zu Initiative und aktiver Eigenständigkeit herausgefordert, da sie unabhängig voneinander arbeiten und Selbstkontrollen durchführen.
Obwohl es sich hier um eine fertige Lernwerkstatt handelt, möchten wir Sie motivieren, Ihre Schüler bei der Planung der Werkstatt zu beteiligen und deren vielfältige Ideen mit aufzugreifen. Mit der Zeit werden die Kinder in der Lage sein, als Hochform dieser Methode ein fächerübergreifendes Lernangebot für andere und sich selber zu planen und zu erstellen.

Organisation der Lernwerkstatt

Die Schüler arbeiten selbstständig innerhalb verschiedener Sozialformen an dem Lernangebot. Die Lernangebote liegen in Ablagekästen bereit. Die jeweilige Aufgabenstellung befindet sich auf einer Auftragskarte innerhalb der Ablagekästen. Zusätzlich können sie auf einem Werkstattplakat stehen, auf dem noch einmal alle Aufgaben zusammengefasst sind.
Es empfiehlt sich, dass jedes Kind sein eigenes Wattenmeer-Heft und einen Werkstattplan erhält. Auf letzterem kreuzt es in der leeren Spalte schon bearbeitete Aufgaben an. So liefert die Karte der Lehrerin / dem Lehrer und den Schülern eine Kontrolle über die individuell geleistete Arbeit. Der Werkstattplan von Seite 8 kann für beide Zwecke verwendet werden. Hierbei bietet es sich an, den Plan für die Klasse auf DIN A3 bis DIN A2 zu vergrößern und den für die Schüler auf DIN A5 zu verkleinern.
Die Lernwerkstatt ist so angelegt, dass sie aus allen thematischen Schwerpunkten Aufgaben enthält. Des Weiteren ist die Werkstatt durch die Offenheit der Arbeitsweise bestimmt und kann nach Interesse und Individualität bearbeitet bzw. auch ergänzt werden. So erfährt der Schüler, seinen Lernprozess selbstständig zu planen und zu gestalten. Die Differenzierung ist durch das mannigfaltige Angebot gegeben, welches in seiner Vielfalt die verschiedenen Fähigkeiten und Fertigkeiten der Schüler berücksichtigt. Die Aufgaben sind so konzipiert, dass sie unterschiedliche Schwierigkeitsstufen aufweisen. Die Lernaufgaben können mit einem Partner oder in der Gruppe bearbeitet werden, sodass jeder Schüler die Möglichkeit hat, seine Vorerfahrungen einzubringen, und schwächere Schüler von den kindgemäßen Erklärungsweisen stärkerer Schüler profitieren. Die optimale Sozialform ist zwar jeweils vorgegeben, aber situationsbedingt abänderbar.
Durch die individuelle Arbeit an den verschiedenen Lernangeboten ergibt sich ein sehr selbstständiges und von der Lehrerin / dem Lehrer unabhängiges Lernen.

Der Lehrerin / dem Lehrer ist es dadurch möglich, bei Problemen einzelnen Schülern individuelle Hilfestellung zu geben. Weiterhin sollte es zu fast allen Aufgaben ein oder zwei Kinder geben, die als Helfer (Chefs) eingesetzt werden und anderen Kindern bei Fragen Hilfestellung leisten bzw. Aufgaben erklären und kontrollieren.

Während der Werkstattarbeit sollten immer wieder auch gemeinsame Gespräche im Plenum stattfinden. In diesen Gesprächen wird den Kindern Gelegenheit gegeben, sich über den Stand ihrer Arbeit auszutauschen, neue Aufgabenstellungen zu besprechen, über Probleme zu diskutieren und gemeinsam Lösungen zu finden, bereits fertige Arbeiten vorzustellen und vieles mehr.

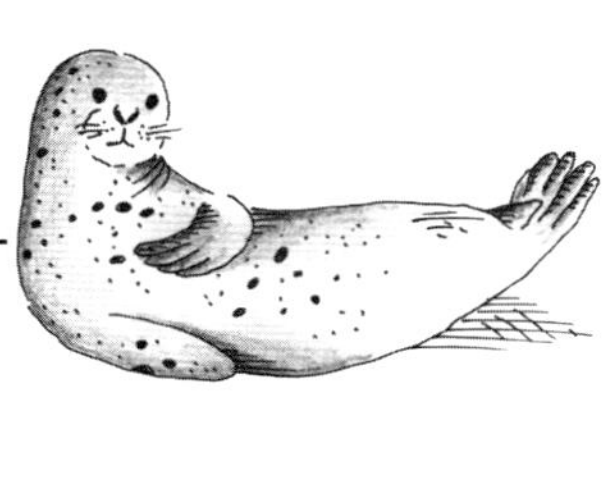

BVK LW40 • Bungardt / Rathmann / Sanders / Schnitzler: Lernwerkstatt „Wattenmeer"

Wattenmeer

Wichtige Regeln für den Umgang mit einer Lernwerkstatt

- Die Kinder wählen die Lernangebote frei aus.
- Begonnene Arbeiten müssen beendet werden.
- Materialien und Auftragskarten müssen wieder in die dazugehörigen Ablagekästen gebracht werden.
- Während der Partner- und Gruppenarbeit wird geflüstert.
- Der Arbeitsplatz ist frei wählbar.
- Alle Arbeiten sollten entweder von der Lehrerin / dem Lehrer, dem Chef oder in Selbstkontrolle überprüft und auf dem eigenen Werkstattplan abgehakt werden.

Tipps zum Einstieg in die Wattenmeer-Werkstatt

- Vor Beginn der Lernwerkstatt benötigt jedes Kind ein eigenes Wattenmeer-Heft oder einen Schnellhefter, in den es im Laufe der Unterrichtsreihe seine Arbeiten einkleben und so festhalten kann. Es bietet sich zudem an, den Werkstattplan der Kinder in das Heft zu kleben, sodass die Lehrerin / der Lehrer jederzeit Zugriff auf diesen hat und kontrollieren kann, wie weit jedes einzelne Kind ist. Die individuelle Umschlaggestaltung des Heftes liegt bei den Kindern selbst.
- Im Vorfeld bietet sich ein Unterrichtsgespräch an, bei dem die Kinder ihre Vorerfahrungen und Gedanken, Fragen und Ideen einbringen und in einem Cluster oder einer Mind-Map festhalten können.
- Es hat sich weiterhin als sinnvoll erwiesen, gemeinsam mit den Schülern einen Material- und Büchertisch anzulegen. Hierfür können Sie sich von Büchereien Bücherthemenkisten zusammenstellen lassen und auch Bücher der Kinder mit aufnehmen.
- Innerhalb dieser Lernwerkstatt sollte den Schülern ausreichend Gelegenheit zum Lesen und Stöbern gegeben werden (z. B. in Form einer Lesestunde).
- Zum Einstieg in die Unterrichtsreihe könnte ein Film zum Wattenmeer gezeigt werden. Oft kann dieser bei der Bildstelle der jeweiligen Stadt bestellt werden.
- Einige Lernaufgaben sollten im Vorfeld zunächst gesperrt und erst nach einer gemeinsamen Besprechung eröffnet werden. Diese Angebote haben wir unter dem Abschnitt „Anmerkungen für die Lehrerin / den Lehrer" mit einem Stern * markiert.

Anmerkungen für die Lehrerin / den Lehrer

Lernangebot 1: Der Nationalpark Wattenmeer
Bei dieser Aufgabe übertragen die Kinder die Schutzzonen – hier stellvertretend an der Insel Borkum – mit Hilfe eines großen Plans auf ihren eigenen Inselplan. Hierzu ist es sinnvoller, sich ein großes Inselfaltblatt von Borkum zu bestellen (kostenlos erhältlich beim Nationalpark Niedersächsisches Wattenmeer, s. Adressen). Es besteht auch die Möglichkeit, den Lösungsplan (s. S. 63) auf DIN A3 zu vergrößern und diesen den Kindern als Orientierungshilfe anzubieten.

Lernangebot 4: Die Dünen
Passend zum Informationstext haben wir ein Arbeitsblatt vorbereitet, das von den Kindern in Einzelarbeit ausgefüllt werden kann. Reizvoller finden wir es aber, wenn die Lehrerin / der Lehrer auf Tapete einen Wandfries mit dem Querschnitt einer Nordseeinsel aufzeichnet. Die Kinder könnten anschließend passende Pflanzen zeichnen, ausschneiden und auf den Wandfries kleben. Diese Aufgabe ist dann beliebig erweiterbar für alle typischen Pflanzen und Tiere des Wattenmeeres, d. h. ein Einsatz des Wandfrieses wäre auch bei den Lernbereichen 2, 6 und 7 möglich.

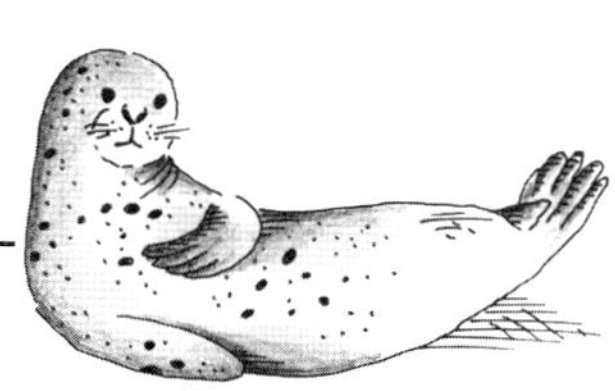

Wattenmeer

Lernangebot 6: Die Pflanzen des Wattenmeeres und der Nordseeküste
Die Schüler sollten hier darauf hingewiesen werden, dass sie ihre Informationen nicht nur aus den Infokarten, sondern auch aus den bereitgestellten Büchern entnehmen können.

*** Lernangebot 7: Tiere des Wattenmeeres und der Nordseeküste – Ein Info-Plakat**
Bei diesem Lernangebot sollten die Kinder im Vorfeld darauf hingewiesen werden, dass jede Tierart nur einmal bearbeitet werden kann. Beschäftigt sich eine Gruppe bereits mit einer Tierart, ist diese für andere Gruppen gesperrt. So werden Informationsplakate zu möglichst vielen Tierarten erstellt. Die Schüler können die benötigten Informationen sowohl aus den bereitgestellten Sachtexten als auch aus den Büchern des Büchertisches beziehen. Denkbar wäre auch eine Einzelarbeit unter Verwendung des Tier-Steckbriefes.

*** Lernangebot 8: Nahrungskette (a) und Nahrungsnetz (b)**
Dieses Lernangebot besteht aus zwei Teilaufgaben und sollte im Plenum besprochen werden.
Nahrungskette (a): Das Arbeitsblatt zur Nahrungskette wird 2- bis 3-mal kopiert und laminiert.
Nahrungsnetz (b): Das Arbeitsblatt wird ebenfalls 2- bis 3-mal kopiert und laminiert. Außerdem benötigt die Lehrerin / der Lehrer noch mehrere Wollknäuel und DIN-A5-Papier, auf das die Kinder den Namen ihres gewählten Tieres schreiben. Die Kinder verteilen sich kreisförmig und setzen sich auf den Boden. Das Kind, das sich für das Plankton entschieden hat, muss auf jeden Fall mehrere Wollknäuel haben und beginnt mit dem Nahrungsnetz. Die Wollknäuel werden entsprechend von einem Kind zum anderen gegeben. Zum Schluss fassen die Kinder ihre Fäden fest an und stehen auf. Die Fäden werden gespannt und man kann erkennen, dass alle miteinander verbunden sind. Die Lehrerin / der Lehrer bespricht gemeinsam mit den Kindern das so entstandene Nahrungsnetz.

*** Lernangebot 9: Das Wattenmeerspiel**
Zur längeren Haltbarkeit bietet es sich an, das Spielfeld und die Karten zu laminieren. Es ist sinnvoll, die Karten für eine leichte Unterscheidung verschiedenfarbig zu kopieren. Dieses Spiel kann erst dann gespielt werden, wenn ein großer Teil der Lernangebote von den Schülern bearbeitet wurde. Besonders wichtig sind hierfür die Sachtexte zu den einzelnen Tier- und Pflanzenarten. Die leeren Spielkarten bieten der Lehrperson oder den Schülern die Möglichkeit, das Spiel mit eigenen Sachfragen zu erweitern. Zusätzlich werden vier Spielfiguren und ein Würfel benötigt.

*** Lernangebot 10: Rund ums Salz**
Im Hinblick auf die Salzexperimente ist es ratsam, zunächst nur den Versuch „Schwimmboje“ von den Kindern bearbeiten zu lassen und die beiden anderen Experimente vorerst zu sperren. So haben Sie als Lehrerin / Lehrer die Möglichkeit, den Versuch im Plenum zu besprechen und genau zu erklären. Die Kinder können anschließend die gewonnenen Erkenntnisse auf die beiden anderen Experimente übertragen und somit die Zusammenhänge genauer erklären und beschreiben.

Tipp: Sie können das Experiment „Schwimmboje“ mit Hilfe verschiedenfarbiger Klebepunkte darstellen und erläutern, z. B. blaue Punkte für die Moleküle des Wassers, rote Punkte für die Moleküle des Salzes. Zeichnen Sie die zwei Gläser des Versuches auf ein Plakat. Das Leitungswasser wird nur durch blaue Punkte, das Salzwasser durch blaue und rote Punkte dargestellt. Durch diese Visualisierung erkennen die Kinder, warum die Boje im Salzwasser höher schwimmt: Die Dichte des Salzwassers ist höher, es hat mehr Moleküle.

BVK LW40 • Bungardt / Rathmann / Sanders / Schnitzler: Lernwerkstatt „Wattenmeer“

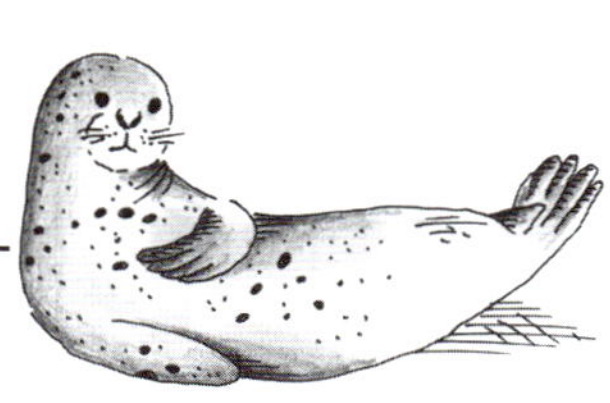

Wattenmeer

Lernangebot 11: Umweltschutz
Für diese Aufgabe sollte in der Klasse ein Umweltplakat angebracht werden, auf dem die Kinder ihre Ergebnisse festhalten können.
Geeignet ist ebenfalls das Nordsee-Kinderheft (s. Ideen für den Büchertisch), in dem die Kinder auf Seite 56 viele Aspekte bezüglich des Umweltschutzes kennenlernen können. Ansonsten lassen sich diese Aspekte aber auch in anderen Büchern über das Wattenmeer finden. Diese Stellen können mit gelben Klebezetteln markiert werden.
Tipp: Die Kinder können gemeinsam einen Brief an die BUNDjugend schreiben. So werden sie Tipps bekommen, wie sie ihre Umwelt besser schützen können. Dieses sollte man zuvor im Plenum besprechen.

*** Lernangebot 12: Schreibe eine Strand- oder Meeresgeschichte**
Arbeit im Vorfeld: Zunächst legt man gemeinsam mit den Schülern einen Materialtisch an, auf dem sich viele Gegenstände befinden, die an den Strand oder das Meer erinnern. Auch wenn das Thema nicht direkt nach den Ferien behandelt wird, sollte man die Kinder, die ihren Urlaub am Meer verbringen, darum bitten, Meeres- bzw. Strandutensilien mitzubringen und diese in der Klasse sammeln. (Geeignet ist auch eine gemeinsame Klassenfahrt ans Meer.)
Die Geschichten werden von der Lehrerin / dem Lehrer nach der Überarbeitung noch einmal auf Rechtschreibfehler durchgesehen, bevor die Kinder sie auf Schmuckblätter schreiben und sie in ihr Leporello kleben oder als Buch zusammenbinden.
Die Lehrerin / der Lehrer klärt vorher mit den Kindern das Wort „Sinnabschnitte“ und gibt bei der Einteilung individuelle Hilfestellungen.
Die Geschichten können natürlich auch auf dem Computer geschrieben werden.

Lernangebot 13: Die Strandwanderung
Die Geschichte (Die Strandwanderung) ist während unserer Klassenfahrt nach Norderney tatsächlich passiert.
Zu 1.: Jedes Kind erhält eine Kopie (S. 44) der Lernwörter zum Üben.
Zu 2.: Die Lernwörter befinden sich 1 x auseinandergeschnitten und laminiert in einer Schachtel. Das Meeresbild wird 1 x ohne Lernwörter auf DIN A3 kopiert und laminiert.
Zu 3.: Drehdiktat: Die Kinder schreiben den Text auf die Rückseite des Arbeitsblattes. Dazu sollte die Rückseite liniert sein.
Schleichdiktat: Der Text (s. Drehdiktat) hängt an vier Stellen im Klassenraum. Die Kinder gehen dort hin, lesen sich einen Satz durch, gehen auf ihren Platz zurück und schreiben ihn auf...
Zu 4.: Die Lernwörter befinden sich 1 x auseinandergeschnitten und laminiert in einer Schachtel.
Zu 5.: Die Lernwörter werden auf einer Kassette oder am PC eingesprochen. Die Kinder hören diese mit Hilfe eines Walkmans oder am PC ab.
Die Kinder überprüfen ihre Texte mit Hilfe einer Kontrollkarte. Dazu kopiert die Lehrerin / der Lehrer den Text 4- bis 5-mal.

Lernangebot 14: Die Strandwanderung – Wie geht es weiter?
Die Kinder erhalten zunächst den Text bis zu dem Abschnitt „Tom hat eine Idee“. Mit dem Schluss der Geschichte setzen sich die Kinder erst am Ende des Lernangebots oder der Werkstatt auseinander.

*** Lernangebot 15: Der Satzglieder-Tintenfisch**
Der „Satzglieder-Tintenfisch“ und die Arbeitskarten sollten 3 x kopiert, farbig gestaltet (jeder Lehrerin / jedem Lehrer ist die Farbwahl selber überlassen) und laminiert werden. Es ist sinnvoll, den Satzglieder-Tintenfisch im Plenum einzuführen und zu besprechen. Die Bedeutung von Satzgliedern und das Satzglied „Prädikat“ sollten die Kinder bereits kennengelernt haben.

BVK LW40 • Bungardt / Rathmann / Sanders / Schnitzler: Lernwerkstatt „Wattenmeer“

Wattenmeer

Das Arbeitsblatt mit den Satzstreifen (S. 47) wird nach Anzahl der Partnergruppen kopiert. Für das Spiel 3 werden die Verben auf rotes Papier kopiert und laminiert. Ebenso benötigen die Kinder einige Blankokarten (evtl. kleine Karteikarten).
Am Ende der Werkstatt bietet es sich an, die Entdeckungen der Kinder zu den Satzgliedern zu sammeln und zu besprechen. Auch können diese ihre Namen bekommen. Gemeinsam mit der Lehrerin / dem Lehrer kontrollieren die Kinder den Tintenfisch.

Lernangebot 16: Male ein sonniges oder stürmisches Meeresbild
Für Kinder, die keine Ideen haben, können verschiedene Meeresbilder oder Fotos zur Anschauung dienen.

Lernangebot 17: Male einen Leuchtturm
Die Lehrerin / der Lehrer sollte kleine Schwämme bereitstellen, mit deren Hilfe sich hervorragend Hintergründe gestalten lassen. Die Wachsmalstifte dürfen nicht wasserlöslich sein.

Lernangebot 18: Bastle einen Meeres-Button aus Kronkorken
Für diese Lernstation sollten Deckel von kleinen Gläsern und Anstecknadeln (erhältlich in Bastelläden) in Klassenstärke, Klarlack, gut haltbarer Kleber und einige sehr feine Borsten- und Haarpinsel bereitgestellt werden.

Lernangebot 19: Strandschatz-Fühlkasten
Aus Schuhkästen lassen sich schnell Fühlkästen herstellen, in denen verschiedene Strand- und Meeresgegenstände verborgen werden können. Zur Kontrolle sollten Sie für diese Station eine Kontrollkarte bereitlegen, mit Hilfe derer die Kinder ihre Ergebnisse vergleichen können. Vielleicht wird ein Kind bei dieser Aufgabe ja „Fühlkistenkönig".

Benötigte Materialien
Material zur Hand der Schüler:
- ein DIN-A4-Heft pro Kind (ohne Lineatur)

Material für den Materialtisch:
- Plakate, verschiedenes Papier und Malutensilien
- Wolle, kleine Deckel, Schuhkarton, Fundstücke vom Strand, z. B. Muscheln, Steine, Sand
- Kleber, Scheren, feine Pinsel
- Anstecknadeln aus dem Bastelladen

Ideen für den Büchertisch
- BUNDjugend Schleswig-Holstein (Hrsg.): Das Nordsee-Kinderheft. Lerchenstr. 22, 24114 Kiel
- Rüdiger Wandrey: Die Wale und Robben der Welt. Kosmos, 1997
- Klaus Janke, Bruno P. Kremer: Düne, Strand und Wattenmeer. Tiere und Pflanzen unserer Küsten. Kosmos, 2003
- Fred Woodward: Muscheln. Könemann Verlagsgesellschaft mbH, 1997
- Lothar Streblow: Robbi, der Heuler vom Wattenmeer. Loewe Verlag, 1991
- Dieuwke Winsemius: Hilfe! Mein Gefieder ist voll Öl. dtv junior, 1987
- Dieuwke Winsemius: Das Findelkind vom Watt. dtv junior, 1997

BVK LW40 • Bungardt / Rathmann / Sanders / Schnitzler: Lernwerkstatt „Wattenmeer"

Wattenmeer

Filmtipp
- Löwenzahnfolge „Peter sucht das Wattenmeer“

Außerschulische Ansprechpartner / Lernorte
- Der Naturschutzbund Deutschland in Ihrer Nähe
- Die BUNDjugend, Adresse s. o.
- Die Nationalparkverwaltung „Niedersächsisches Wattenmeer“, Virchowstr. 1, 26382 Wilhelmshaven, Tel.: 04421 / 911-0, Fax: 04421 / 911-280, E-Mail: *poststelle@nlpv-wattenmeer.niedersachsen.de*
- Nationalparkverwaltung Schleswig-Holsteinisches Wattenmeer, Schloßgarten 1, 25832 Tönning, Tel.: 04861 / 616-0, E-Mail: *nationalpark@lkn.landsh.de*
- Nationalparkverwaltung Hamburgisches Wattenmeer, Stadthausbrücke 8, 20355 Hamburg, Tel.: 040 / 42840-3392, Fax: 040 / 42840-3552, E-Mail: *Klaus.Janke@bsu.hamburg.de*

Internetadressen
- *www.schutzstation-wattenmeer.de*
  („Watt für Kids“ – Hier werden selbst gestaltete Internetseiten über Wattenmeer und Nordseeschutz von Kindern und Schulklassen präsentiert.)
- *www.wattenmeer-nationalpark.de*
  (Hier findet man die Links zu den Internetseiten der drei Nationalparks.)
- *http://schulen.nwn.de/watt*
  (Hier kann man einen virtuellen Spaziergang durch das Watt machen.)
- *www.ostfriesland.de*
- *www.nordfrieslandferien.de/html/nationalpark_haupt.htm*

Quellennachweise:
- Spielideen für den Satzglieder-Tintenfisch: Annette Ribitzki
- Gesichter für die Auftragskarten: Kerstin Torres

BVK LW40 • Bungardt / Rathmann / Sanders / Schnitzler: Lernwerkstatt „Wattenmeer“

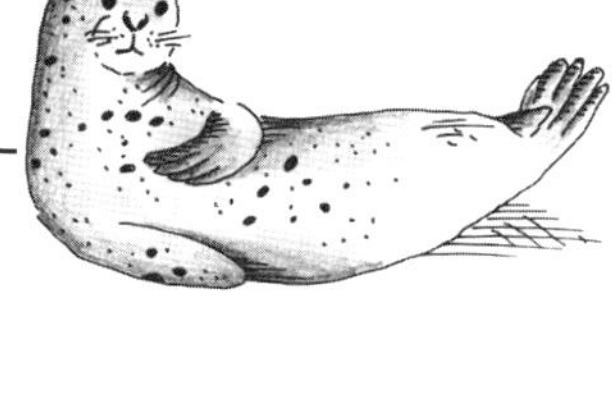

Wattenmeer

Werkstattplan

Name: ______________________

1		Der Nationalpark Wattenmeer
2		Das Watt
3		Ebbe und Flut
4		Die Dünen
5		Die Salzwiese
6		Die Pflanzen des Wattenmeeres und der Nordseeküste
7		Die Tiere des Wattenmeeres und der Nordseeküste
8		Die Nahrungskette (a) / Das Nahrungsnetz (b)
9		Das Wattenmeerspiel
10		Rund ums Salz
11		Umweltschutz
12		Schreibe eine Strand- oder Meeresgeschichte
13		Die Strandwanderung
14		Die Strandwanderung – Wie geht es weiter?
15		Der Satzglieder-Tintenfisch
16		Male ein sonniges oder stürmisches Meeresbild
17		Male einen Leuchtturm
18		Bastle einen Meeres-Button
19		Strandschatz-Fühlkasten

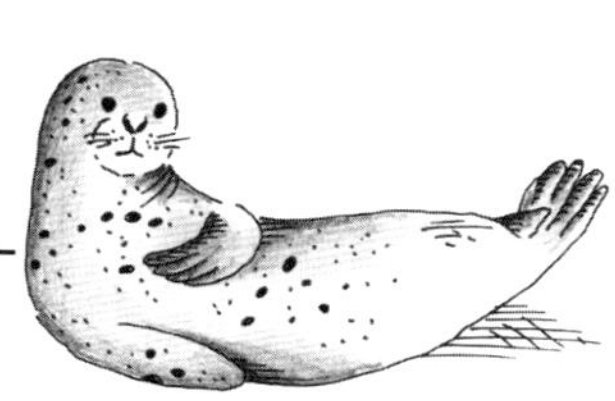

BVK LW40 • Bungardt / Rathmann / Sanders / Schnitzler: Lernwerkstatt „Wattenmeer“

1

Der Nationalpark Wattenmeer

Lies dir den Text über den Nationalpark Wattenmeer sorgfältig durch. Schaue dir nun die Unterteilung der verschiedenen Schutzzonen auf dem großen Borkumer Inselplan genau an und übertrage sie anschließend in den richtigen Farben auf dein Arbeitsblatt.

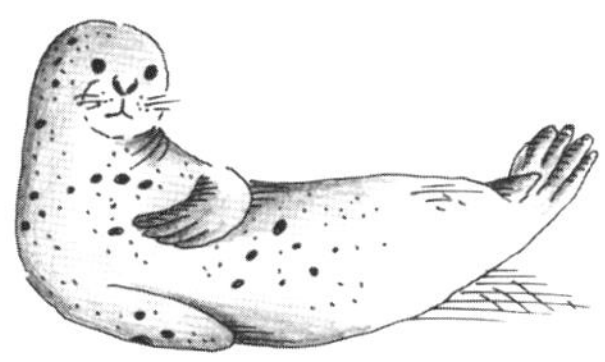

BVK LW40 • Bungardt / Rathmann / Sanders / Schnitzler: Lernwerkstatt „Wattenmeer"

2

Das Watt

Lies den Text über das Watt und beantworte anschließend die Fragen auf dem Arbeitsblatt.

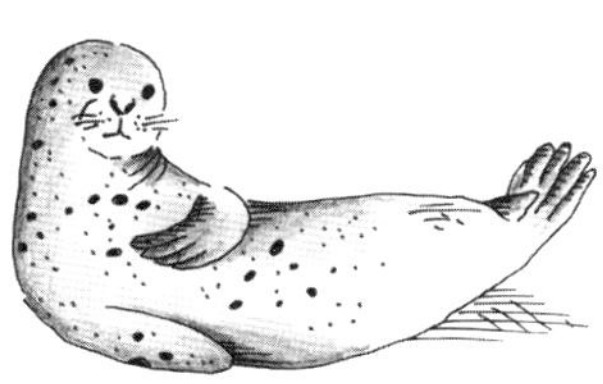

BVK LW40 • Bungardt / Rathmann / Sanders / Schnitzler: Lernwerkstatt „Wattenmeer"

3

Ebbe und Flut

Lies dir den Text aufmerksam durch und löse anschließend den Lückentext.

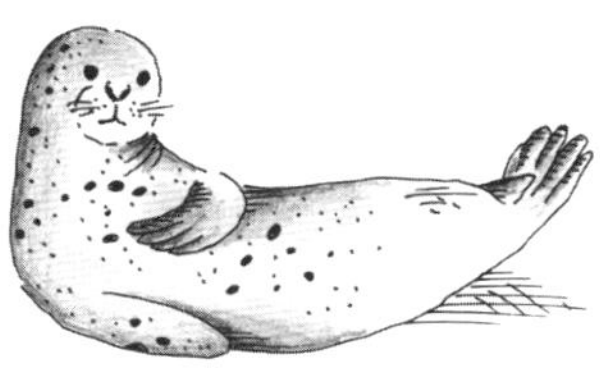

BVK LW40 • Bungardt / Rathmann / Sanders / Schnitzler: Lernwerkstatt „Wattenmeer"

4

Die Dünen

Lies dir den Text aufmerksam durch und beschrifte anschließend auf dem Arbeitsblatt den Querschnitt einer Nordseeinsel.
Die Infoblätter helfen dir.
Suche die Informationen, die du nicht findest, in Büchern oder im Internet.

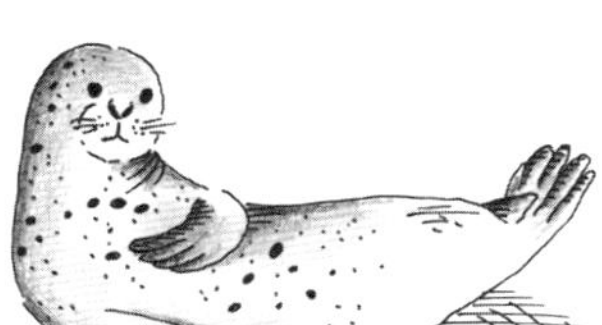

BVK LW40 • Bungardt / Rathmann / Sanders / Schnitzler: Lernwerkstatt „Wattenmeer“

5

Die Salzwiese

Lies dir den Text aufmerksam durch und löse anschließend das Kreuzworträtsel. Wenn du gründlich gelesen hast, fällt dir das Rätsel sicher nicht schwer.

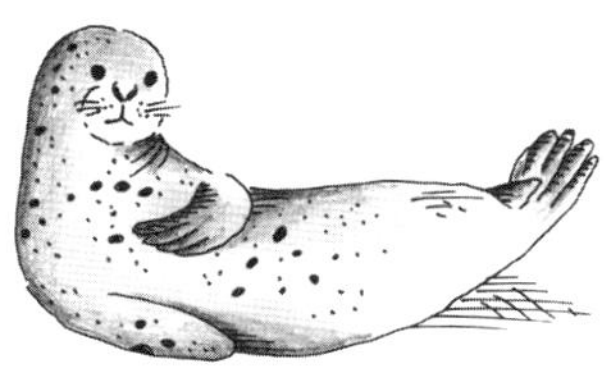

BVK LW40 • Bungardt / Rathmann / Sanders / Schnitzler: Lernwerkstatt „Wattenmeer“

6

Die Pflanzen des Wattenmeeres und der Nordseeküste

Fertige je einen Steckbrief zu den
- Dünenpflanzen
- Salzwiesenpflanzen
- Meerespflanzen an.

Lies dazu die Informationstexte und schaue auch in den Büchern nach.

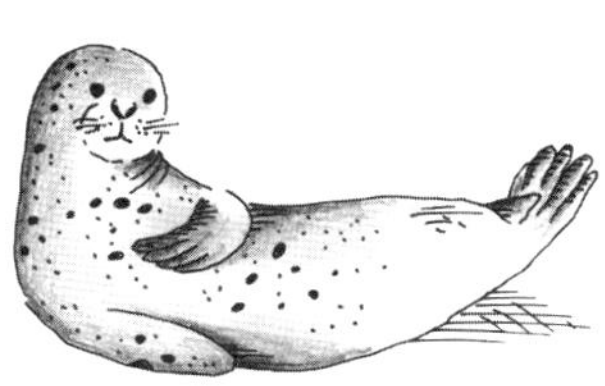

7

Die Tiere des Wattenmeeres und der Nordseeküste - Ein Infoplakat -

1. Wählt eine Tierart aus.

2. Fertigt zu dieser Tierart ein Plakat an.
   - Name und Lebensraum des Tieres
   - Wichtige Informationen über das Tier
   - Fotos und Bilder zum Tier
   - Besondere Merkmale

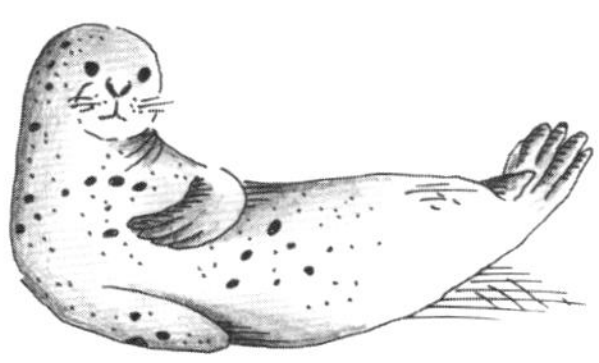

Tipp: Schaut in den Informationstexten und in den Büchern nach.

BVK LW40 · Bungardt / Rathmann / Sanders / Schnitzler: Lernwerkstatt „Wattenmeer"

8a

Die Nahrungskette

1. Lest den Informationstext „Die Nahrungskette".

2. Zeichnet die Nahrungskette im Wattenmeer auf.

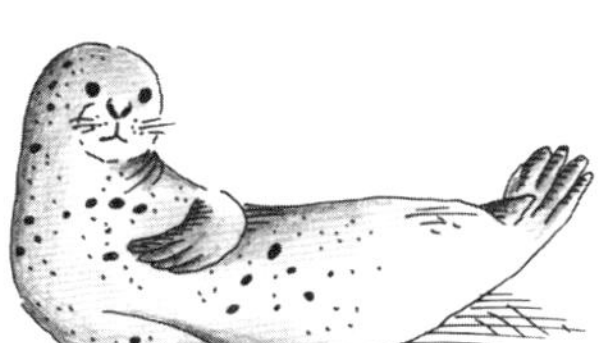

BVK LW40 · Bungardt / Rathmann / Sanders / Schnitzler: Lernwerkstatt „Wattenmeer"

BVK LW40 · Bungardt / Rathmann / Sanders / Schnitzler: Lernwerkstatt „Wattenmeer"

8b

Das Nahrungsnetz

Wählt ein Tier aus dem Wattenmeer aus (z. B. Plankton, Krebs, Qualle, Fisch ...) und überlegt, wem das Tier als Nahrung dient. (Aufgepasst: Ein Tier kann mehreren Tieren als Nahrung dienen.) Auf jeden Fall muss sich **ein** Kind für das Plankton entscheiden, da es Nahrungsgrundlage der kleinsten Lebewesen im Wattenmeer ist. Fertigt ein Namensschild mit eurem Tiernamen an und befestigt es an eurem Körper. Stellt euch kreisförmig auf. Das „Plankton" steht in der Mitte des Kreises und hält mehrere Wollknäuel fest. Es gibt diese an die Tiere weiter, von denen es meint, gefressen zu werden. Auch diese Tiere geben das Wollknäuel weiter usw.

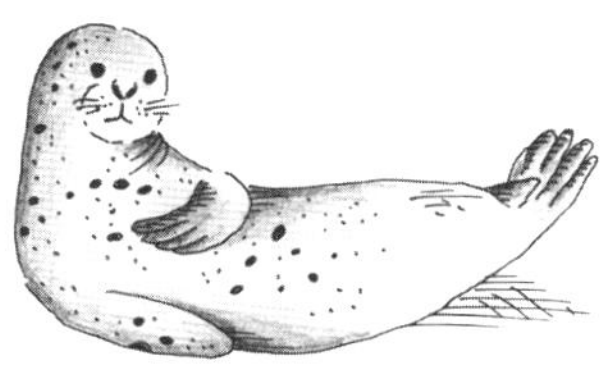

BVK LW40 · Bungardt / Rathmann / Sanders / Schnitzler: Lernwerkstatt „Wattenmeer"

9

Das Wattenmeerspiel

Das Wattenmeerspiel könnt ihr erst spielen, wenn ihr die meisten der anderen Aufgaben schon bearbeitet habt. Ihr könnt das Spiel mit bis zu vier Kindern spielen. Bevor ihr beginnt, lest euch die Spielregeln sorgfältig durch.
Viel Spaß!

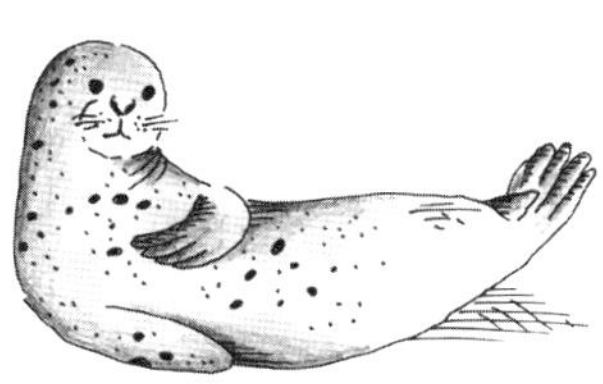

BVK LW40 • Bungardt / Rathmann / Sanders / Schnitzler: Lernwerkstatt „Wattenmeer“

10

Rund ums Salz

1. Das Wasser der Nordsee ist sehr salzhaltig. Lest in dem Text nach, wie das Salz vermutlich ins Meer gelangt und schreibt den Wasserkreislauf mit euren eigenen Worten in euer Heft. Tragt anschließend auf dem Arbeitsblatt an den richtigen Stellen die Wörter „Süßwasser“ und „Salzwasser“ ein.

2. Nun dürft ihr experimentieren. Lest euch die Arbeitsaufträge zu den verschiedenen Versuchen sorgfältig durch, damit ihr genau wisst, was zu tun ist.

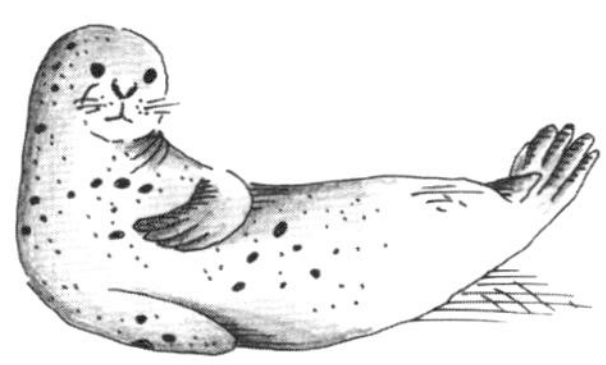

BVK LW40 • Bungardt / Rathmann / Sanders / Schnitzler: Lernwerkstatt „Wattenmeer“

11

Umweltschutz

Viele Einflüsse bedrohen unsere Umwelt. Deswegen mussten die Umweltschützer am Wattenmeer verschiedene Schutzzonen einrichten, damit Pflanzen und Tiere überhaupt überleben konnten.

Sprecht in einer Kleingruppe darüber, wie Menschen negativ auf unsere Umwelt einwirken.
Tipp: Lest hierzu in den Büchern auf dem Büchertisch nach.

Diskutiert anschließend folgende Fragen:
- Wie kann diese Umweltverschmutzung verhindert werden?
- Warum gibt es die verschiedenen Schutzzonen?
- Was könnt ihr selbst für eure Umwelt tun, um sie zu schützen?

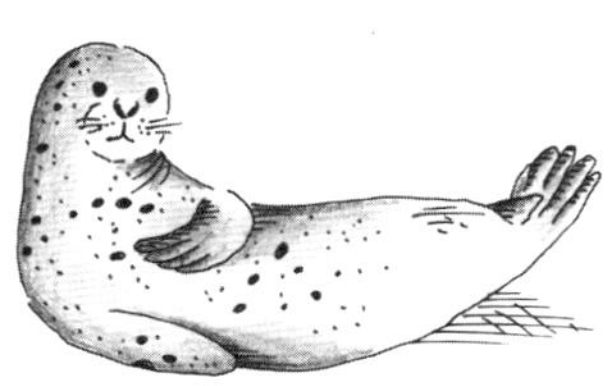

Haltet eure Ergebnisse fest
und klebt sie auf das Umweltplakat.

BVK LW40 • Bungardt / Rathmann / Sanders / Schnitzler: Lernwerkstatt „Wattenmeer"

12

Schreibe eine Strand- oder Meeresgeschichte

1. Auf dem Materialtisch findest du verschiedene Gegenstände, die alle mit dem Meer zu tun haben. Suche dir einen bestimmten Gegenstand aus und sammle zu diesem Wörter und eine passende Überschrift.
2. Schreibe danach deine Strand- oder Meeresgeschichte.
3. Überarbeite deine Geschichte und unterteile sie in Sinnabschnitte.
4. Denke dir zu jedem Sinnabschnitt ein passendes Bild aus. Überlege nun, wie viele Seiten du für deine Geschichten brauchst. Schreibe jeweils einen Sinnabschnitt auf und male das Bild dazu.

Tipp: Vielleicht helfen dir auch deine eigenen Strand-erfahrungen oder die deiner Klassenkameraden.

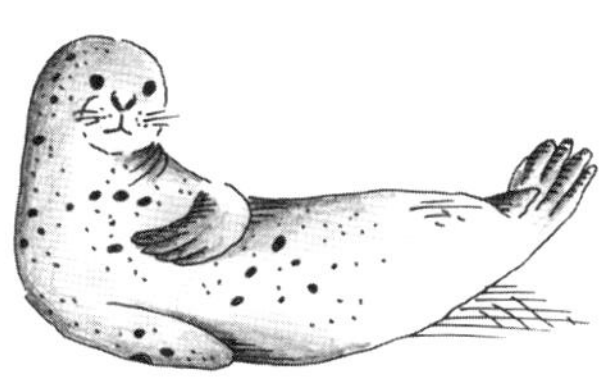

BVK LW40 • Bungardt / Rathmann / Sanders / Schnitzler: Lernwerkstatt „Wattenmeer"

13

Die Strandwanderung

1. Übe die Lernwörter nach folgenden Punkten:
   • anschauen, sprechen, merken und schreiben
   Schreibe deine sieben schwierigsten Wörter.
2. Ordne die Lernwörter den richtigen Wortarten auf dem Meeresbild zu (Kontrollkarte).
3. Aus einigen Wörtern ist eine Geschichte geworden. Übe sie als Schleich- und als Drehdiktat.
4. Ziehe 5 Wörter aus der Wörterschachtel, bilde Witzsätze und schreibe sie auf.
5. Höre dir die Wörter an, schreibe sie auf und kontrolliere.

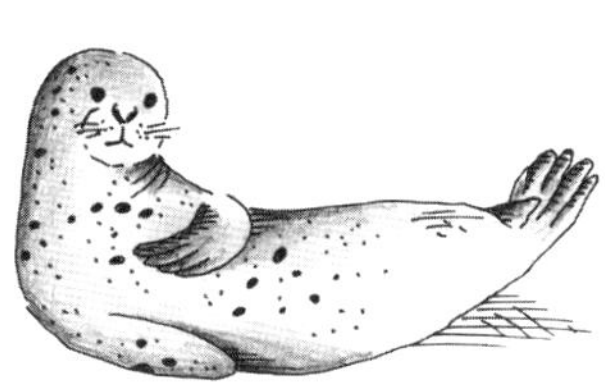

14

Die Strandwanderung – Wie geht es weiter?

Lest euch die Geschichte, die wirklich passiert ist, durch.

Überlegt nun, wie die Geschichte weitergehen könnte und tauscht eure Ideen aus.

Schreibt euren gefundenen Schluss auf.

Lest dann den Schluss der Geschichte. Vergleicht euren Schluss damit und findet Unterschiede und Gemeinsamkeiten.

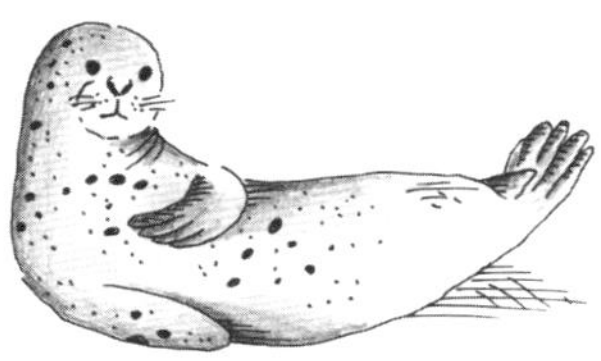

BVK LW40 • Bungardt / Rathmann / Sanders / Schnitzler: Lernwerkstatt „Wattenmeer"

15

Der Satzglieder-Tintenfisch

Spielt die Spiele der drei Karten.

Tragt eure Lösungen in das Werkstattheft ein.

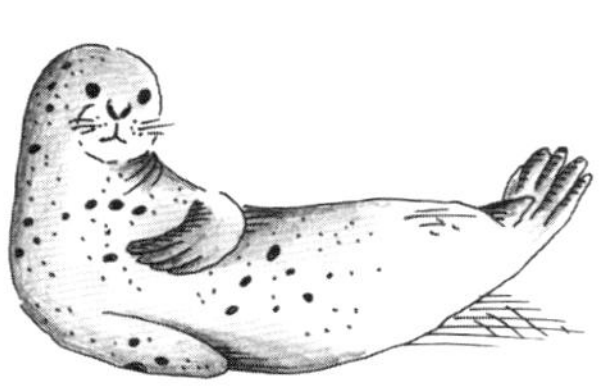

16

Male ein sonniges oder stürmisches Meeresbild

Je nach Wetter sieht das Meer ganz anders aus: Mal toben die Wellen, Wind und Regen peitschen über den Strand oder die Sonne scheint und man kann kaum eine Welle sehen, dafür aber abends einen wunderschönen Sonnenuntergang.

Male dein eigenes Meeresbild mit Wasserfarben.

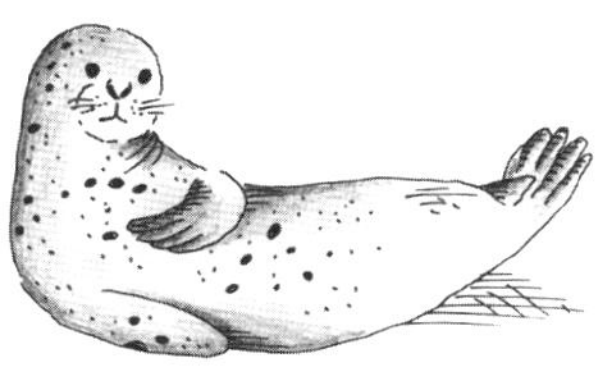

BVK LW40 • Bungardt / Rathmann / Sanders / Schnitzler: Lernwerkstatt „Wattenmeer“

17

Male einen Leuchtturm

An jedem Strand oder in der Nähe findest du einen Leuchtturm. Dieser ist notwendig, damit die Kapitäne der Schiffe auch im Dunkeln das Land erkennen können.

Male einen Leuchtturm bei Tag oder bei Nacht mit Wachsmalstiften. Gestalte den Hintergrund mit Wasserfarben. Benutze hierzu breite Pinsel oder kleine Schwämme.

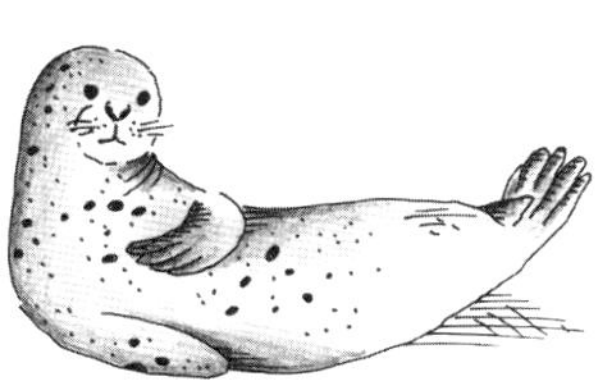

BVK LW40 • Bungardt / Rathmann / Sanders / Schnitzler: Lernwerkstatt „Wattenmeer"

18

Bastle einen Meeres-Button

Du brauchst:
1 Deckel von einem kleinen Glas, Deckweiß, Wasserfarben, einen normalen und einen sehr feinen Borstenpinsel, eine Anstecknadel, Klarlack

Stelle deinen eigenen Meeres-Button her:

- Male den Deckel mit Deckweiß an und lasse ihn trocknen.
- Male nun dein Meeresbild oder deinen Strandgegenstand.
- Wenn das Bild getrocknet ist, überziehe es mit einer Klarlackschicht und lasse diese ebenfalls trocknen.
- Klebe zum Schluss die Anstecknadel auf die Rückseite des Deckels.
  Nun kannst du deinen Button anstecken.

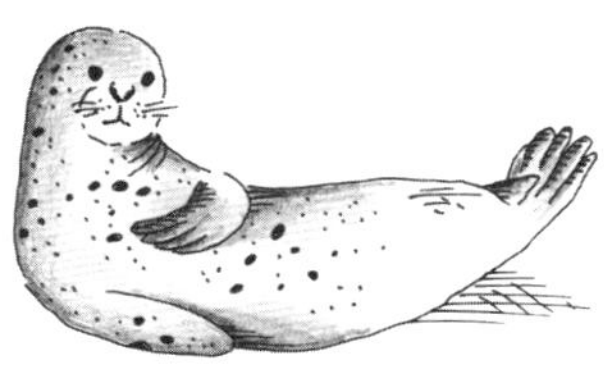

BVK LW40 • Bungardt / Rathmann / Sanders / Schnitzler: Lernwerkstatt „Wattenmeer"

19

Strandschatz-Fühlkasten

Findet heraus, welche Strandgegenstände sich in den Fühlkästen versteckt haben und schreibt eure Vermutungen auf.

Schaut danach auf der Kontrollkarte nach.

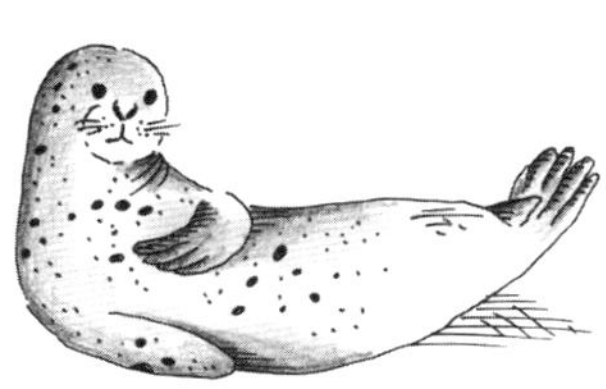

Wattenmeer

Arbeitsblatt Werkbereich 1: Der Nationalpark Wattenmeer (1)

Ein Nationalpark – Was ist das?

Das Wattenmeer ist ein großes Gebiet, das sich an der Küste von Dänemark über unsere Bundesländer Schleswig-Holstein, Hamburg und Niedersachsen bis zu den Niederlanden erstreckt. Da in diesem Wattenmeer viele besondere und einzigartige Tiere und Pflanzen leben, haben sich die Bundesländer dazu entschlossen, das Wattenmeer besonders zu schützen. Das Wattenmeer wurde in der Bundesrepublik Deutschland in die drei Nationalparks aufgeteilt: Den Nationalpark Schleswig-Holsteinisches Wattenmeer, den Nationalpark Hamburgisches Wattenmeer und den Nationalpark Niedersächsisches Wattenmeer.

In einem Nationalpark bleibt die Natur so gut es geht sich selbst überlassen. Er dient dem Schutz der Tiere und Pflanzen und soll vom Menschen so wenig wie möglich beeinflusst werden. Daher dürfen nur wenige Teile eines Nationalparks vom Menschen betreten werden. Damit jeder weiß, welche Teile er betreten darf und welche nicht, hat man den Park in Schutzzonen unterteilt. Diese Zonen heißen in jedem Park anders, deswegen werden sie hier am Beispiel des Niedersächsischen Nationalparks erklärt.

Die Zone, die am strengsten geschützt wird, heißt „Ruhezone". Hierzu zählen zum Beispiel wichtige Seehundbänke und Salzwiesen sowie Brut- und Rastplätze von Vögeln.

Die zweite Zone wird „Zwischenzone" genannt und darf nur auf den gekennzeichneten Wegen betreten werden. Diese Wege sind durch Pfähle markiert:

Grün für Wanderwege
Rot für Reitwege

Die dritte Zone heißt „Erholungszone". Sie steht dem Menschen zur Erholung zur Verfügung. Hierzu zählt der Strand, an dem zum Beispiel motorgetriebene Geräte nicht erlaubt sind, denn die angrenzenden Zonen dürfen nicht durch Sport und Freizeit gestört werden.

BVK LW40 • Bungardt / Rathmann / Sanders / Schnitzler: Lernwerkstatt „Wattenmeer"

Wattenmeer

Arbeitsblatt Werkbereich 1:
Der Nationalpark Wattenmeer (2)

Wenn ihr auf einer Insel im Nationalpark Niedersächsisches Wattenmeer Urlaub machen wollt, solltet ihr folgende Dinge beachten:

Schilder
Achtet auf Schilder, die etwas verbieten oder auf etwas hinweisen. Dann findet ihr euch besser zurecht und Tiere und Pflanzen werden weniger gestört.

Wege
Weicht nicht von den Wegen ab. So schützt ihr die Tier- und Pflanzenwelt.

Dünen
Um die Pflanzendecke der Dünen zu erhalten, sind Wege gebaut worden. Benutzt nur diese Wege zum Spazierengehen und Wandern. Dünen schützen vor den Meeresfluten. Der Schutz der Dünen ist lebenswichtig für die Inseln und ihre Bewohner.

Geschützte Pflanzen
Nehmt Rücksicht auf die geschützten Pflanzen der Salzwiesen und Dünen. Ihr dürft grundsätzlich keine Pflanzen abpflücken.

Vögel
Meidet Vogelansammlungen und geht auf keinen Fall hin. Ihr stört die Tiere sonst beim Fressen, bei der Ruhe oder beim Brüten.

Füttern
Füttert keine wildlebenden Tiere wie Enten, Möwen oder Fasane.

Drachen
Wenn ihr Drachen steigen lassen wollt, achtet darauf, dass benachbarte Schutzzonen nicht gestört werden.

BVK LW40 • Bungardt / Rathmann / Sanders / Schnitzler: Lernwerkstatt „Wattenmeer"

Wattenmeer

Arbeitsblatt Werkbereich 1:
Der Nationalpark Wattenmeer (3)

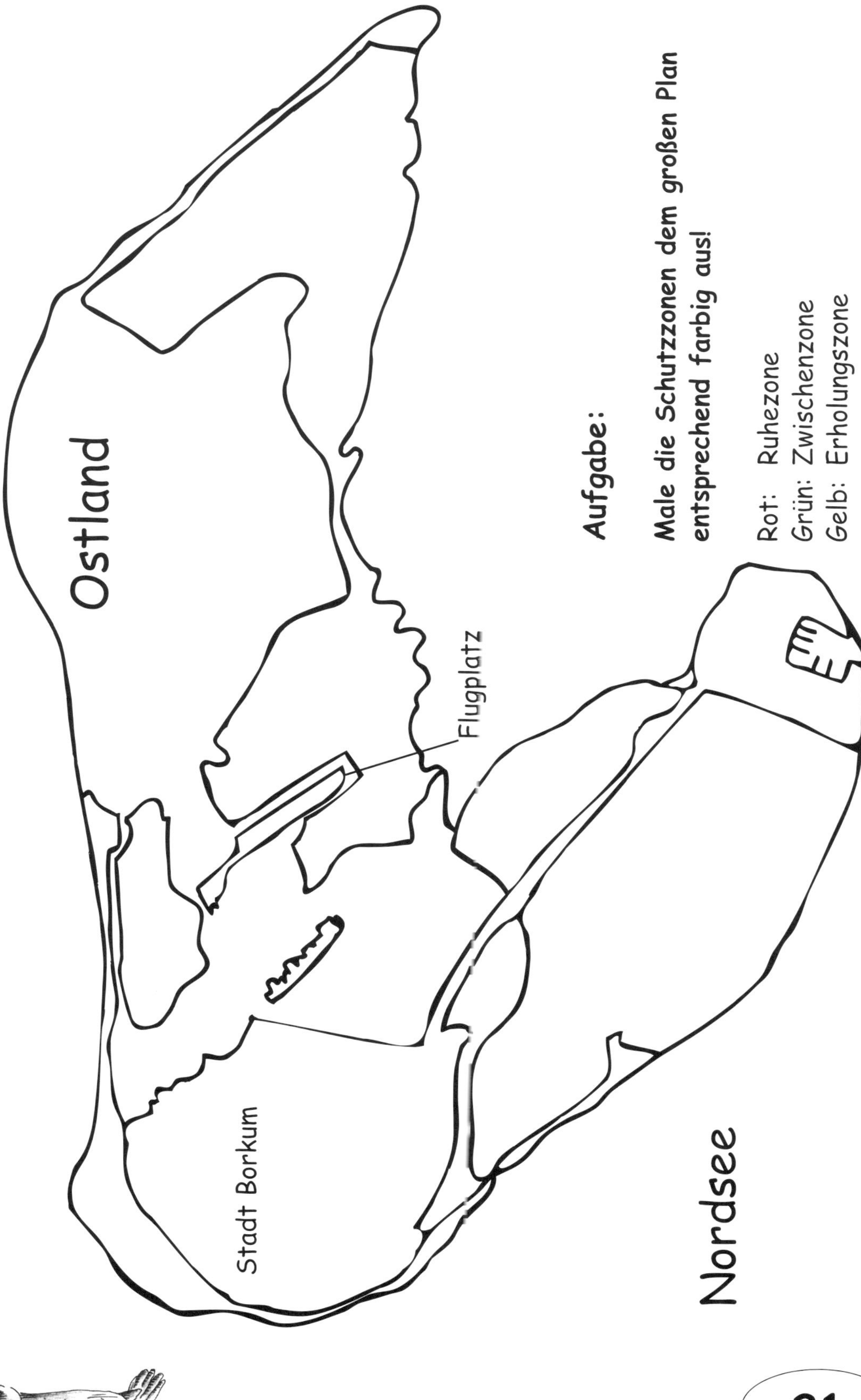

Aufgabe:

Male die Schutzzonen dem großen Plan entsprechend farbig aus!

Rot: Ruhezone
Grün: Zwischenzone
Gelb: Erholungszone

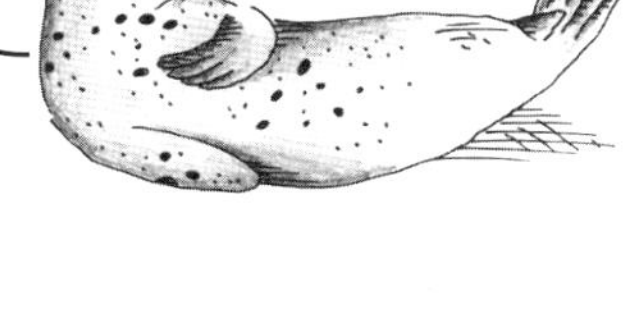

Wattenmeer

Arbeitsblatt Werkbereich 2:
Informationstext: Das Watt

Wenn du schon einmal an der Nordsee Urlaub gemacht hast oder vielleicht sogar dort wohnst, dann weißt du sicherlich, dass es dort Ebbe und Flut gibt. Bei Flut steigt das Wasser, bei Ebbe zieht es sich zurück. Den Boden, der bei Ebbe zu sehen ist, nennt man Watt.

Das Watt bildet sich vor Inseln, Sandbänken und dort, wo der Meeresboden flach abfällt. Hier ist die Meeresströmung und die Kraft der Wellen nicht mehr so stark, sodass sich die verschiedenen Schwebeteilchen (winzige Teilchen aus Sand und Ton und von abgestorbenen Kleinstlebewesen), die die Flut mit sich bringt, am Meeresboden absetzen können. Diese Teilchen sinken jedoch nicht alle gleichzeitig zu Boden. Manche Teile sind etwas schwerer, sie sinken zuerst und bilden damit das helle und grobe Sandwatt.
Wird das Wasser noch ruhiger, setzen sich weitere Schwebeteilchen ab. Sie bilden das Mischwatt.
Direkt vor der Küste, dort, wo das Wasser ganz ruhig ist, sinken die leichten Teilchen zu Boden und bilden das Schlickwatt, das aus dunklem Schlamm besteht.

Wenn sich das Wasser bei Ebbe zurückzieht, sieht man auf dem Wattboden viele kleine oder auch größere Rinnen, in die das Wasser zurückfließt. Man nennt diese Rinnen „Priele“. Die kleinen Priele werden bei der nächsten Flut wieder mit Sand und Schlick zugeschüttet. Es gibt aber auch große und tiefe Priele, die den Schiffen bei Ebbe als Fahrrinne dienen. Damit der Kapitän diese Fahrrinne auch bei Flut noch erkennen kann, wird sie am Rand mit kleinen Bäumchen, den „Pricken“, markiert.
Ebbe und Flut ändern jedoch ständig die Lage der Priele, sodass die Pricken dann umgesteckt werden müssen.

BVK LW40 • Bungardt / Rathmann / Sanders / Schnitzler: Lernwerkstatt „Wattenmeer“

Wattenmeer

Arbeitsblatt Werkbereich 2: Fragen zum Informationstext: Das Watt

Was ist das Watt?

Wo bildet sich das Watt?

Nenne die verschiedenen Wattarten.

Erkläre mit deinen eigenen Worten, wie sich das Watt bildet.

Erkläre, was ein „Priel" ist.

Was sind „Pricken" und wozu benötigt man sie?

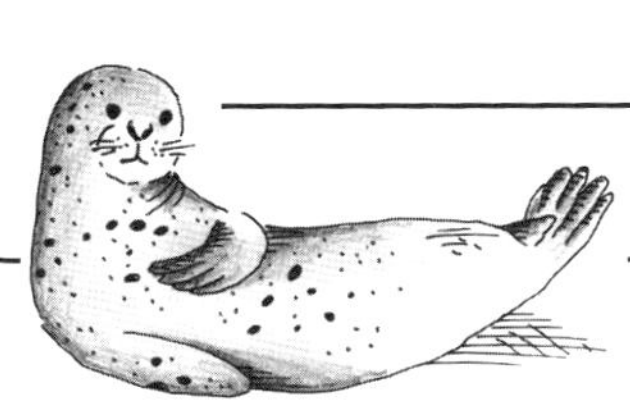

BVK LW40 · Bungardt / Rathmann / Sanders / Schnitzler: Lernwerkstatt „Wattenmeer"

Wattenmeer

Arbeitsblatt Werkbereich 3: Informationstext: Ebbe und Flut

An der Nordseeküste und fast an allen anderen Meeresküsten kannst du etwas Seltsames beobachten. Der Meeresspiegel hebt und senkt sich in regelmäßigen Abständen, unabhängig von Wind und Wetter. Etwa sechs Stunden lang fällt das Wasser des Meeres, dann steigt der Meeresspiegel wieder sechs Stunden lang. Dies kannst du an der Küste täglich zwei Mal erleben. Das Fallen und Steigen des Wassers nennen wir die Gezeiten. Steigt das Wasser an, so nennen wir es Flut, wenn der Meeresspiegel fällt, ist Ebbe. Mit dem Wort Tide ist der Zeitraum gemeint, den Ebbe und Flut zusammen einnehmen, also etwa zwölf Stunden.

Aber wie entstehen die Gezeiten?

Die Ursachen sind die Anziehung von Mond und Erde und die sogenannten Fliehkräfte, die durch die Bewegung der Erde um den gemeinsamen Schwerpunkt von Erde und Mond entstehen. Auf der Seite der Erde, die dem Mond zugewandt ist, sammelt sich das Wasser. Es bildet sich eine Flut.
Durch die Fliehkräfte sammelt sich aber das Wasser auf der gegenüberliegenden Seite der Erde, die also dem Mond abgewandt ist, ebenfalls. Es entsteht dort auch eine Flut.
Diese beiden Teile der Erde machen je ein Viertel der Erdoberfläche aus. Auf den beiden übrigen Vierteln herrscht Ebbe.

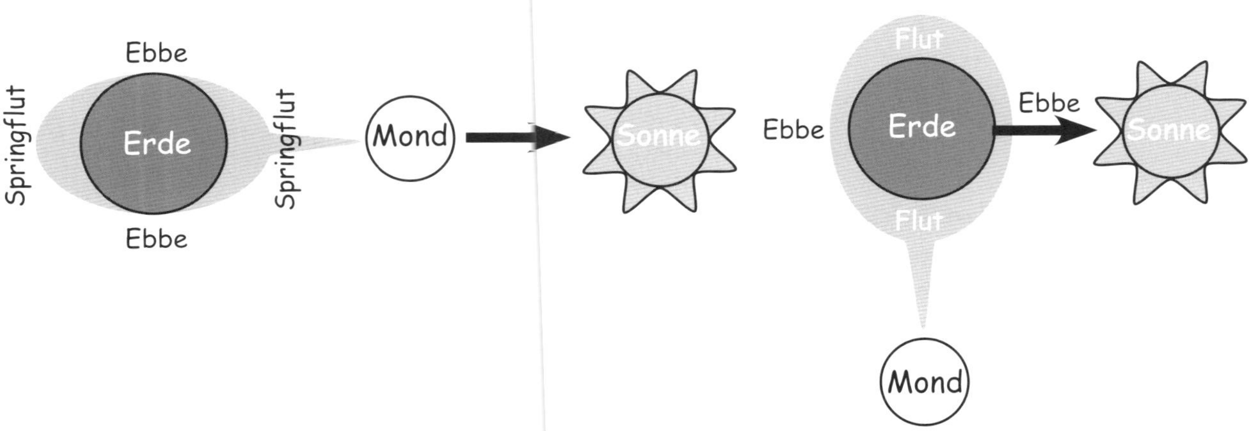

Aber auch die Sonne versucht, das Wasser der Erde an sich zu ziehen. Bei Neumond und Vollmond stehen Erde, Mond und Sonne wie in einer Reihe. Dann wirken die Anziehungskräfte von Sonne und Mond besonders stark. Der Wasserstand der Flut ist dann besonders hoch. Wir sprechen von einer Springflut.

Wattenmeer

Arbeitsblatt Werkbereich 3: Lückentext: Ebbe und Flut

An fast allen ______________________________ kannst du etwas Seltsames beobachten. Der ____________________________ hebt und senkt sich in regelmäßigen Abständen. Etwa sechs Stunden lang steigt das __________________ des Meeres, dann fällt der Meeresspiegel wieder sechs Stunden lang. An der _________________ kannst du dies täglich zwei Mal erleben. Wir nennen das Fallen und Steigen des Wassers die _____________________. Fällt das Wasser, so nennen wir es _____________, wenn der Meeresspiegel wieder steigt, ist ___________. __________ heißt der Zeitraum, den Ebbe und Flut zusammen einnehmen. Es gibt also jeden Tag ________ Tiden, da ein Tag ____ Stunden hat.

Die Gezeiten entstehen durch die ____________________________________ von Sonne und Mond.

Erde, Mond und Sonne stehen bei ____________________________________ wie in einer Reihe. Dann wirken die Anziehungskräfte von Sonne und Mond besonders _____________. Der Wasserstand der Flut ist dann besonders _____________. Wir sprechen von einer ______________________________.

Wörterliste:

Küste – Springflut – hoch – Meeresspiegel – Gezeiten – Ebbe – Tide – stark – Wasser – 24 – Anziehungskraft – Neu- und Vollmond – Flut – Meeresküsten – zwei

BVK LW40 · Bungardt / Rathmann / Sanders / Schnitzler: Lernwerkstatt „Wattenmeer"

Arbeitsblatt Werkbereich 4: Informationstext: Dünen

Typisch für die Küste und die Inseln sind die Dünen. Sie entstehen, wenn sich große Sandmengen abgelagert haben. Der Wind weht den getrockneten Sand zu kleinen Hügeln zusammen. Recht bald entstehen durch weitere Sand- und Luftbewegungen die Dünen, die dann sehr schnell von Pflanzen besiedelt werden. Auf diese Art und Weise wachsen langsam Dünenlandschaften, die unterschiedlich alt sind. In der Nähe des Strandes findet man die jüngsten Dünen. Die verschiedenen Dünenarten wurden zur Unterscheidung nach der Farbe des Bodens benannt.

Die Dünen in der Nähe des Strandes heißen Vordünen, sie sind die jüngsten Dünen. Diese werden von ersten Pflanzen, z. B. der Strandquecke, bewachsen.

Als Nächstes folgen die Weißdünen. Sie bieten den Inseln auf der Seeseite Schutz vor Sturmfluten. Der Sand der Weißdünen ist nun schon durch die Wurzeln zahlreicher Pflanzen, vor allem von Dünengräsern, gefestigt. Dennoch dürfen die Pflanzen nicht beschädigt werden, damit der Sand sich weiter verfestigen kann.

Aus abgestorbenen Teilen der Dünengräser bildet sich Humus. Nun können auch anspruchsvollere Pflanzen auf den Dünen wachsen. Die Graudüne bildet sich.

An der Rückseite der Graudünen entstehen durch die Windbewegungen Dünentäler, die häufig bis zum Grundwasser reichen. Dort können sich Hochmoore bilden. In diesen feuchten Dünentälern wachsen Sumpf- und Wasserpflanzen.

Zum Schluss folgen die ältesten Dünen, die Braundünen. Sie fallen durch ihre Farbe schnell auf. Hier sind Pflanzen beheimatet, die eigentlich zu den Pflanzen der Heide gehören, wie z. B. die Glockenheide.

Auf den Nordseeinseln schließen sich an die Braundünen die Salzwiesen und dann das Watt an.

BVK LW40 · Bungardt / Rathmann / Sanders / Schnitzler: Lernwerkstatt „Wattenmeer“

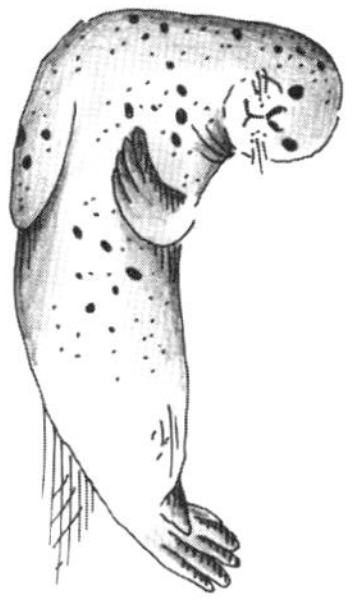

Arbeitsblatt Werkbereich 4:
Querschnitt durch eine Nordseeinsel

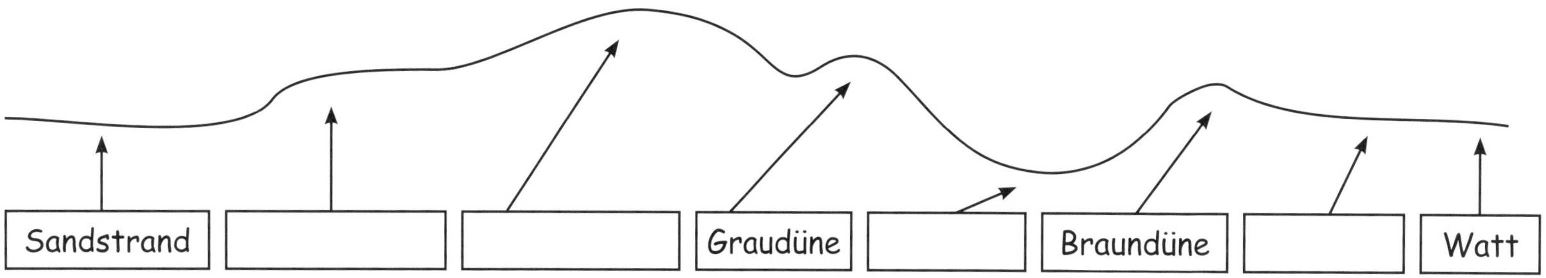

Notiere in der Tabelle eine typische Pflanze zum jeweiligen Inselbereich. Für welchen Bereich findest du die meisten Pflanzen oder gar keine? Nutze die Infoblätter, die Bücher auf dem Büchertisch oder das Internet.

Sandstrand	
Vordüne	
Weißdüne	
Graudüne	
Dünental	
Braundüne	
Salzwiese	
Watt	

Wattenmeer

Wattenmeer

Arbeitsblatt Werkbereich 5: Informationstext: Salzwiese

Der Name deutet schon auf das Wichtigste der Salzwiese hin: das Salz. Die Salzwiesen der Küsten entstehen am Übergang vom Festland zum Watt. Dieser Uferbereich des Watts wird bei Hochwasser oder Sturmfluten noch häufig vom Meerwasser überspült. Dadurch dringt das Salz des Meeres in den Boden der Wiese ein, durch Regen wird es wieder ausgewaschen.

Wie bei den Dünen unterteilt man die Salzwiesen in verschiedene Zonen. Im Anschluss an das Watt steigt der Boden nur wenig an. Dieser Bereich der Salzwiese – auch Quellerzone genannt – wird meist noch zwei Mal am Tag vom Meerwasser überflutet und doch wachsen hier die ersten Landpflanzen. Der Queller ist eine dieser Pflanzen. Er erinnert an einen Kaktus, denn er hat dicke Stängel und nur winzige Blüten. Die Salzwiesenpflanzen haben Tricks entwickelt, um nicht so viel Wasser aufnehmen zu müssen. So speichert der Queller z. B. das Wasser in seinen Stängeln und Blättern und wirkt dadurch aufgequollen.

Schaut man weiter landeinwärts, so steigt der Boden leicht an. Aus abgestorbenen Teilen, den Sedimenten des Quellers, ist der Boden hoch genug angewachsen, damit sich auch andere Pflanzen ansiedeln können. Der Boden wird nun nicht mehr bei jeder Flut überspült, aber immer noch zwischen 150- und 400-mal im Jahr. Das Andelgras ist hier die wichtigste Pflanze und gibt dieser Zone den Namen: die Andelzone. Das Andelgras schmeckt süß und wird von Rindern, Schafen und auch den Ringelgänsen gern gefressen. Durch die Ablagerung abgestorbener Pflanzenteile wächst auch hier die Salzwiese weiter in die Höhe.

In der sogenannten Rotschwingelzone wird die Salzwiese nur noch etwa 50-mal im Jahr überflutet. Neben dem Salz-Rotschwingel wachsen hier auch Pflanzen, die mit dem nur noch geringen Salzgehalt des Bodens zurechtkommen.

An die Rotschwingelzone schließt sich der erste sandige Bereich an. Es ist auf den Inseln der Übergang zu den Dünen, man spricht von der Sand-Salzwiese. Auch hier wachsen wieder besondere Pflanzen, z. B. der Erdbeerklee.

BVK LW40 • Bungardt / Rathmann / Sanders / Schnitzler: Lernwerkstatt „Wattenmeer“

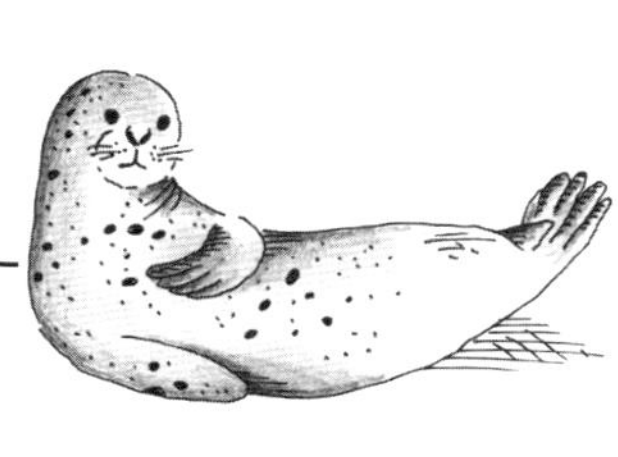

Wattenmeer

Arbeitsblatt Werkbereich 5: Die Salzwiese – Kreuzworträtsel

1. Diese Zone wird 150- bis 400-mal im Jahr überflutet.
2. Wie heißt der Bereich der Salzwiese, der nur noch etwa 50-mal jährlich überspült wird?
3. Die Pflanze erinnert an einen Kaktus.
4. Schafe und Rinder fressen dieses süße Gras gern, es heißt ...
5. Auch die ... frisst die Pflanze von 4 gern.
6. Die Salzwiese wird zum Teil zwei Mal täglich vom ... überflutet.
7. Abgestorbene Teile von Pflanzen nennt man ...
8. Den Bereich zwischen Festland und Watt nennt man ...

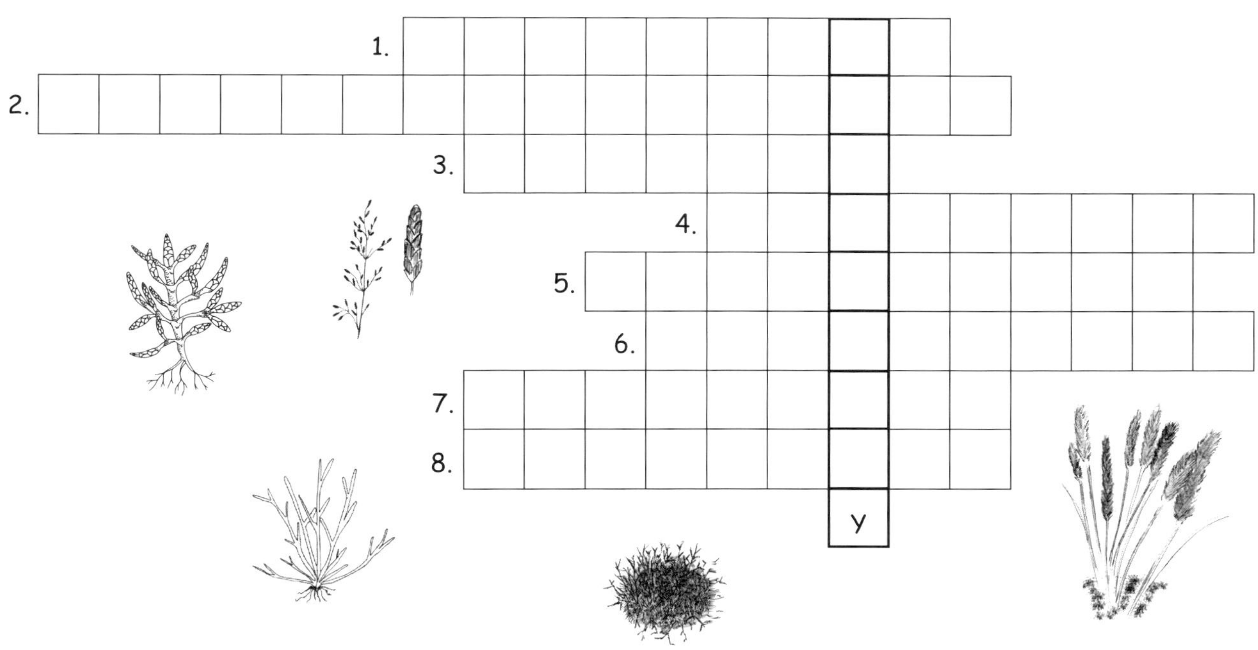

Lösung:

Die Nordseeinsel ____________________ beherbergt einen Salzwiesenlehrpfad.

BVK LW40 • Bungardt / Rathmann / Sanders / Schnitzler: Lernwerkstatt „Wattenmeer"

Arbeitsblatt Werkbereich 6: Steckbrief für Pflanzen

Pflanzen-Steckbrief

Name der Pflanze: ______________________

Größe: ____________ Blütezeit: ____________

Standort: ______________________

Zweige: ______________________

____

Blätter: ______________________

____

Blüten: ______________________

____

Früchte: ______________________

____

Bild

Arbeitsblatt Werkbereich 7: Die Tiere des Wattenmeeres ...

Tier-Steckbrief

Name des Tieres: ______________________

Größe: ____________ Gewicht: ____________

Lebensraum: ______________________

Nahrung: ______________________

Merkmale: ______________________

____

Aufzucht der Jungen: ______________________

____

Das ist mir noch aufgefallen: ______________________

____

____

____

Bild

(Kopiervorlagen ggf. auf DIN-A4-Format vergrößern)

Arbeitsblatt Werkbereich 8a: Die Nahrungskette

Dass eine Kuh Gras frisst, weiß jeder. Dies ist ein ganz einfaches Beispiel für etwas, das in der Ökologie als „Nahrungskette“ bezeichnet wird. Wie die Glieder einer Kette, sind Tiere von anderen Tierarten oder Pflanzen abhängig, um sich ernähren zu können. In unserem Beispiel hat die Kette nur zwei Glieder: Gras – Kuh. Doch oft sind Nahrungsketten viel länger. Nehmen wir als Beispiel den Seehund. Der Seehund frisst Fische, Fische fressen Würmer, Würmer fressen Kleinkrebse, Kleinkrebse fressen Algen. Dieses Beispiel hat schon fünf Glieder.
Wenn eines dieser Glieder fehlt, funktioniert die ganze Kette nicht mehr, wie bei einer Halskette, die zerrissen ist.

Zeichnet die Nahrungskette im Wattenmeer auf.

(8a auf DIN-A4-Format vergrößern)

BVK LW40 • Bungardt / Rathmann / Sanders / Schnitzler: Lernwerkstatt „Wattenmeer“

Arbeitsblatt Werkbereich 8b: Das Nahrungsnetz

Ziemlich verwirrend kann es werden, wenn wir nicht nur eine Nahrungskette betrachten, sondern die ganzen Beziehungen in einem Lebensraum, etwa im Wattenmeer. Denn dann kommen ja noch viele andere Tiere hinzu, die auch etwas fressen müssen oder von anderen gefressen werden. Dann spricht man nicht mehr von einer Nahrungskette, sondern von einem Nahrungsnetz. Viele Beziehungen von verschiedenen Arten sind hier denkbar, nicht gerade übersichtlich, aber sehr interessant.

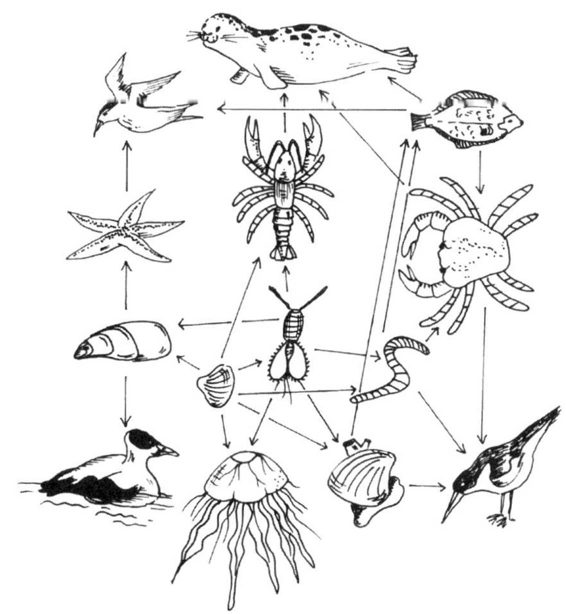

Wattenmeer

Arbeitsblatt Werkbereich 9: Das Wattenmeerspiel

Spielregeln:
Für das Wattenmeerspiel braucht ihr ein Spielfeld, Frage- und Aktionskarten, vier Spielfiguren und einen Würfel.

Auf dem Spielfeld seht ihr drei verschiedene Felder. Die weißen Felder sind normale Spielfelder (dort braucht ihr nichts zu machen).
Die Felder mit den Fragezeichen sind Fragefelder. Kommt ihr auf eines dieser Felder, zieht euer rechter Nachbar eine Fragekarte ☐ und liest euch die Frage vor. Könnt ihr die Frage beantworten, dürft ihr auf dem Feld stehenbleiben. Könnt ihr die Frage nicht beantworten, müsst ihr eure Spielfigur um fünf Plätze zurücksetzen.
Die Felder mit den Ausrufezeichen sind Aktionsfelder. Landet ihr auf einem dieser Felder, zieht ihr eine Aktionskarte ▢ und führt den Auftrag aus, der darauf steht.

Gewonnen hat derjenige von euch, der als Erster das Ziel erreicht hat.

Viel Spaß!

BVK LW40 • Bungardt / Rathmann / Sanders / Schnitzler: Lernwerkstatt „Wattenmeer"

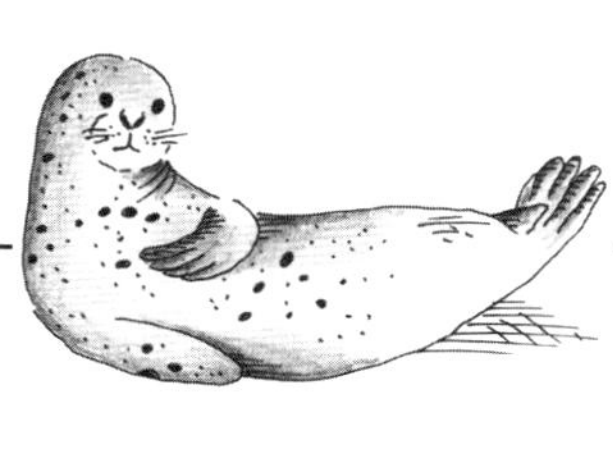

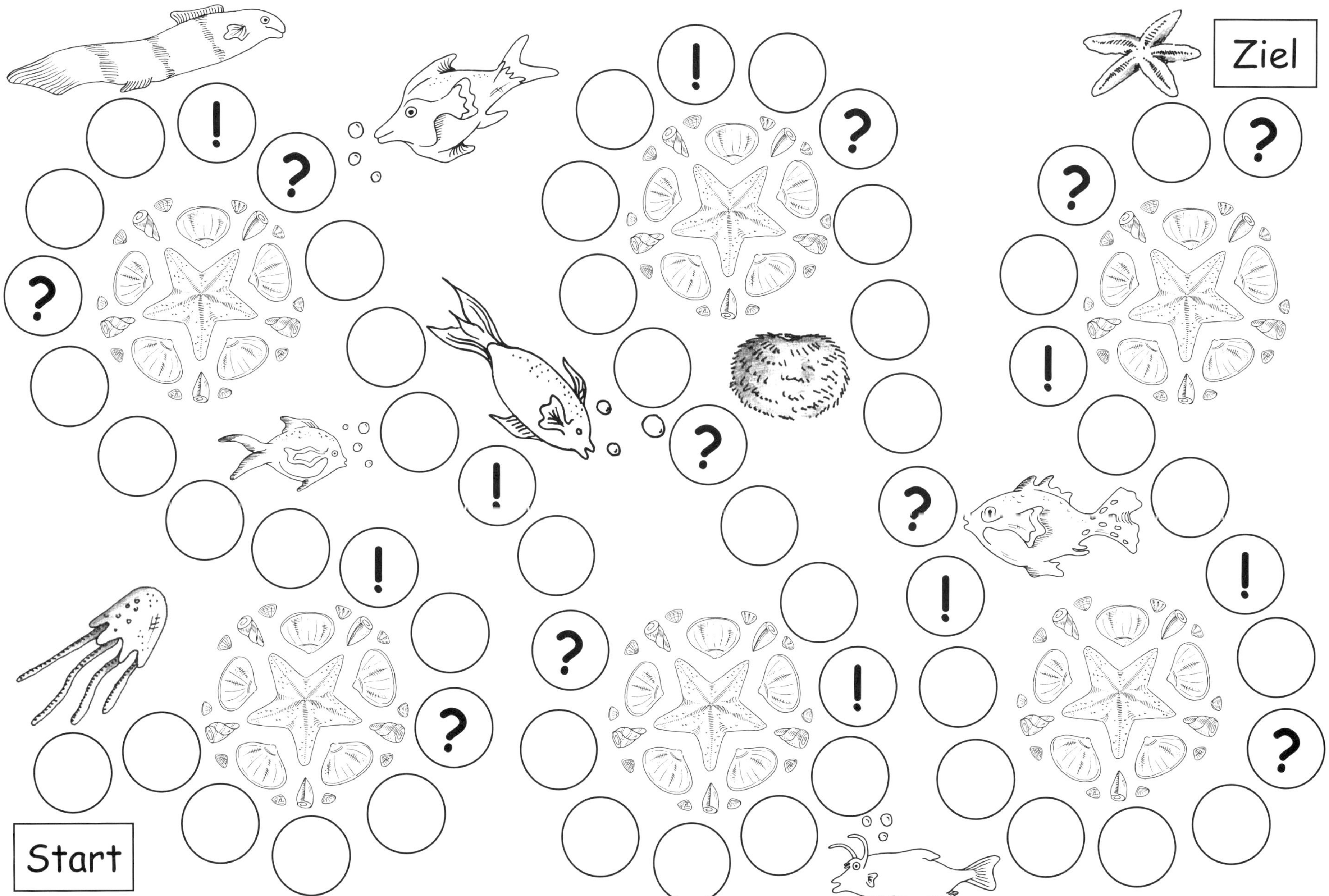
Ziel
Start

Wie heißt das Gebiet an der Nordsee, das sich von Dänemark über Deutschland bis zu den Niederlanden erstreckt?

der Nationalpark Wattenmeer

In wie viele Schutzzonen hat man den Nationalpark an der Nordsee unterteilt und wie heißen sie?

Man hat ihn in drei Zonen unterteilt: Ruhezone, Zwischenzone und Erholungszone.

Nenne die beiden Gezeiten.

Ebbe und Flut

Was ist ein Priel?

Eine kleine oder große Rinne, in die das Wasser bei Ebbe zurückfließt.

Was sind Pricken?

kleine Bäume, die die Fahrrinne für Schiffe markieren

Was ist der Queller?

eine Salzwiesenpflanze

Nenne drei verschiedene Wattarten.

Sandwatt, Mischwatt und Schlickwatt

Nenne zwei verschiedene Dünenarten.

Vordüne, Weißdüne, Graudüne und Braundüne

Wodurch entstehen die Gezeiten?

durch die Anziehungskraft von Sonne und Mond

Zu welcher Inselgruppe gehört die Insel Borkum?

zu den ostfriesischen Inseln

Wo versteckt sich die Strandkrabbe bei Ebbe?

zwischen den Steinen an den Buhnen

Nenne die häufigste Krabbenart der Nordseeküste.

Strandkrabbe

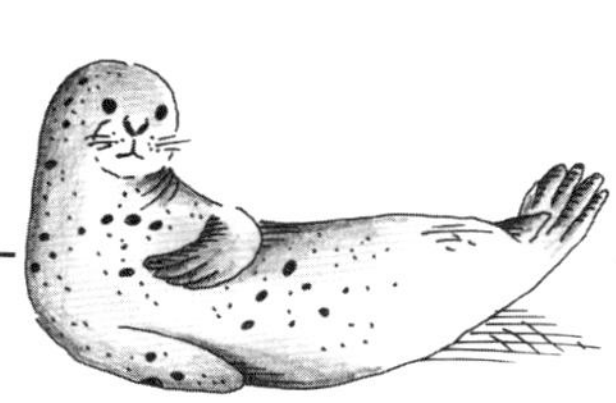

BVK LW40 · Bungardt / Rathmann / Sanders / Schnitzler: Lernwerkstatt „Wattenmeer"

Wattenmeer

Was passiert mit dem Panzer der Strandkrabbe, wenn sie größer wird?

Er platzt auf und wird von der Krabbe „ausgezogen".

Wie kann man eine männliche von einer weiblichen Strandkrabbe unterscheiden?

an der Form und Größe des Schwanzes

Welcher Strauch wächst auf sandigem Dünenboden und hat viele spitze Dornen?

der Sanddorn

Welches Vitamin beinhalten die Beeren des Sanddorns?

Vitamin C

Welches Tier spielt die Rolle des „Straßenfegers der Meere"?

die Wellhornschnecke

Woher nimmt die Wellhornschnecke den Sauerstoff zum Atmen?

aus dem Meerwasser

Von welchem Tier stammen die Sandhäufchen im Watt, die wie Spaghetti aussehen?

vom Wattwurm

Wie nennt man den Wattwurm noch?

Sandpier oder Köderwurm

Was frisst der Wattwurm?

Er frisst den Wattboden.

Wie viele verschiedene Möwenarten gibt es ungefähr an unseren Küsten?

etwa zehn verschiedene Arten

Wie heißt die bekannteste Möwe an Nord- und Ostsee?

Silbermöwe

Wie alt können Silbermöwen werden?

Sie können über 30 Jahre alt werden.

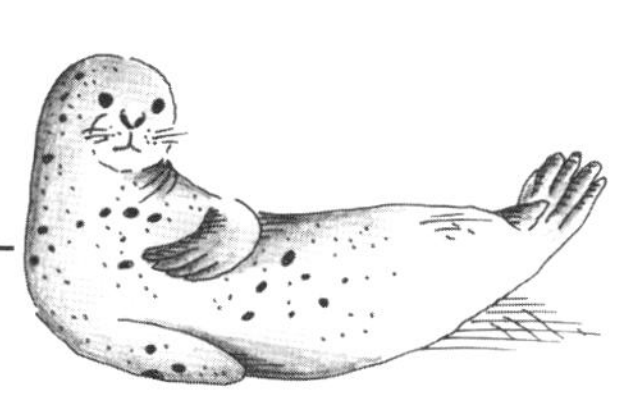

BVK LW40 • Bungardt / Rathmann / Sanders / Schnitzler: Lernwerkstatt „Wattenmeer"

Wattenmeer

Was haben Silbermöwen an ihrem gelben Schnabel?

einen leuchtend roten Fleck

Was sind „Nestflüchter"?

Nestflüchter sind Jungvögel, die kurz nach dem Schlüpfen das Nest verlassen.

Was fressen Möwen?

Möwen sind Allesfresser.

Brüten Möwen einzeln oder in einer Gruppe?

Möwen brüten in Gruppen, deshalb nennt man sie auch Koloniebrüter.

Mit welchen Tieren sind die Tintenfische nah verwandt?

mit Schnecken und Muscheln

An welches Tier erinnert die Farbe der männlichen Tintenfische zur Laichzeit?

an das Zebra

Wie heißt die Robbenart, die in der deutschen Nordsee am häufigsten vorkommt?

der Seehund

Was fressen Seehunde hauptsächlich?

Fische und Tintenfische

Wann werden junge Seehunde geboren?

im Frühjahr oder Sommer

Wie viele Junge bekommt ein Seehundweibchen im Jahr?

Sie bekommt ein Junges.

Wo kommen die Seehundjungen zur Welt?

auf einer Sandbank bei Ebbe

Wie heißt der kleine Wal, der auch an den Küsten von Nord- und Ostsee lebt?

Schweinswal

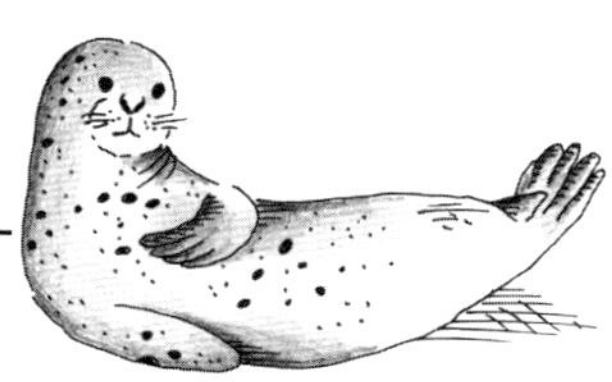

BVK LW40 · Bungardt / Rathmann / Sanders / Schnitzler: Lernwerkstatt „Wattenmeer"

Wattenmeer

Wie werden Schweinswale noch genannt? *Braunfische*	Wie alt können Schweinswale werden? *Sie können 24 Jahre alt werden.*	
Du bist quer durch die Dünen gelaufen und hast dich nicht an die gekennzeichneten Wege gehalten. *Du musst eine Runde aussetzen.*	Du bist durch eine Salzwiese gelaufen und hast Vögel beim Brüten gestört. *Gehe vier Felder zurück!*	Auf einer Kutterfahrt beobachtest du Seehunde auf einer Sandbank. *Setze eine Runde aus!*
Bei einem Strandspaziergang sammelst du schöne Muscheln. Du lässt dir viel Zeit dafür. *Setze eine Runde aus!*	Du fütterst Möwen am Strand. Nach einiger Zeit hast du fast 20 Vögel um dich versammelt. Die anderen Strandbesucher ärgern sich darüber. *Gehe drei Felder zurück.*	Während einer Wattwanderung entdeckst du viele kleine Krebse und beobachtest sie eine Weile. *Setze eine Runde aus.*
Du findest ein verlassenes Robbenbaby und bringst es zur Seehund-aufzuchtstation. *Rücke drei Felder vor.*	Du entdeckst zwei spielende Kinder in den Dünen und erklärst ihnen, warum sie dort nicht spielen dürfen. *Du darfst vier Felder vorrücken.*	Heute ist ein besonders windiger Tag. *Du kannst deswegen schneller gehen und darfst vier Felder vorrücken.*

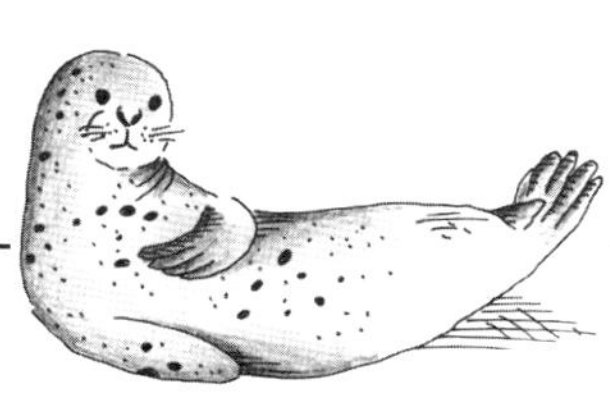

Wattenmeer

Du bist bei einer Wattwanderung mit deinen Gummistiefeln im Schlick stecken geblieben. Der Wattführer muss dich wieder befreien.

Gehe drei Felder zurück.

Beim Schwimmen im Meer hat dich eine Qualle am Bein gestreift. Du hast dich fürchterlich erschrocken und musst dich nun erst wieder beruhigen.

Setze eine Runde aus.

Du findest eine kleine Krabbe am Strand und setzt sie zurück ins Meer.

Du darfst noch einmal würfeln.

Du findest ein verwaistes Vogelkind und ziehst es zu Hause mit deinen Eltern groß.

Rücke vier Felder vor.

Du warst vom Schiff aus im Meer schwimmen und musst nun an Land gezogen werden.

Gehe drei Felder zurück.

Dein Drachen wurde von einer starken Windböe erfasst und du hast Mühe, ihn wieder einzuholen.

Setze eine Runde aus.

Du findest einen Vogel, der von Öl verschmutzt ist, und bringst ihn zur Vogelstation.

Du darfst noch einmal würfeln.

Am Strand findest du eine alte und schmutzige Plastiktüte mit Müll. Du nimmst sie mit und wirfst sie in den nächsten Papierkorb.

Rücke vier Felder vor.

Einem kleinen Kind wurde am Strand die Sandburg zertreten. Du hilfst ihm, sie wieder aufzubauen.

Rücke drei Felder vor.

Du schenkst einem Kind deine Lieblingsmuschel.

Du darfst noch einmal würfeln.

Du hast dich ins Wasser getraut.

Rücke zwei Felder vor.

BVK LW40 • Bungardt / Rathmann / Sanders / Schnitzler: Lernwerkstatt „Wattenmeer“

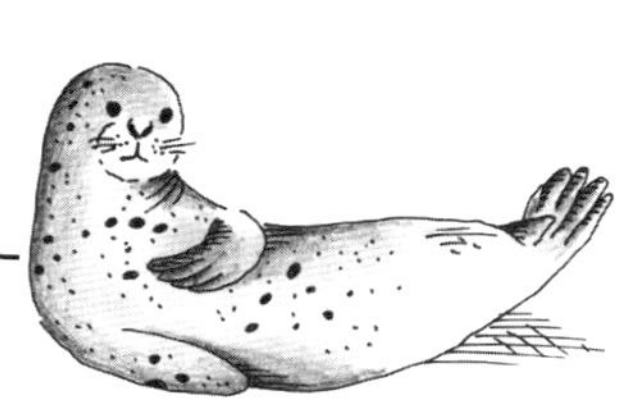

Wattenmeer

Arbeitsblatt Werkbereich 10: Informationstext: Rund ums Salz

Hast du schon einmal in der Nordsee gebadet oder einen Finger ins Wasser gehalten und anschließend abgeleckt? Dann ist dir sicher etwas aufgefallen: Das Wasser schmeckt sehr salzig. Aber woher kommt das? Diese Frage haben sich schon viele Leute gestellt und du kannst dir sicher vorstellen, dass auch viele verschiedene Antworten zustande gekommen sind. Welche von ihnen richtig ist, weiß man jedoch nicht genau.

Einige Leute sagen, dass das Salz schon immer im Meer gewesen sei.
Andere wiederum meinen, dass das Salz ganz langsam, über Millionen von Jahren, ins Meer gelangt sei und sich dort gesammelt hätte.
Sie erklären das so:

In unserem Erdreich und in den Steinen befindet sich Salz. Regnet es, versickert das Regenwasser im Boden. Dabei löst es kleine Mengen des Salzes in der Erde auf. Das Regenwasser fließt weiter in Flüsse und Bäche. Auch diese fließen über Steine und Boden. Dabei löst das Wasser wieder etwas Salz aus dem Erdreich auf. Es ist aber noch so wenig Salz im Flusswasser, dass wir es noch nicht schmecken können. Es ist immer noch Süßwasser.
Die Flüsse fließen weiter ins Meer. Dort verdunstet das Meerwasser und steigt nach oben. Es bilden sich Wolken, die schließlich Regen bringen. Das Regenwasser löst wieder das Salz aus dem Erdreich, es fließt weiter in Bäche und Flüsse, und so weiter ...
Das soll schon seit vielen Millionen Jahren so geschehen, und so soll auch der Salzgehalt im Meer immer weiter gestiegen sein.

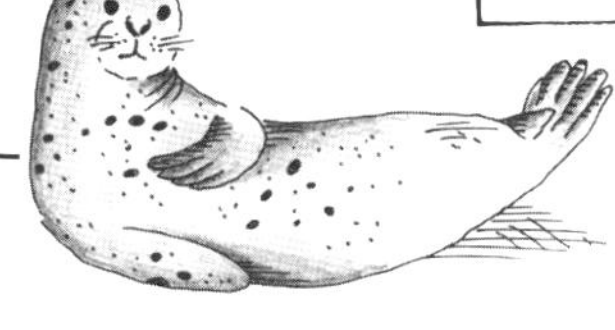

BVK LW40 • Bungardt / Rathmann / Sanders / Schnitzler: Lernwerkstatt „Wattenmeer“

Wattenmeer

Arbeitsblatt Werkbereich 10: Rund ums Salz

Experiment: Wo bleibt das Salz?

Für dieses Experiment benötigt ihr:

- zwei Gläser 
- Leitungswasser 
- Salz 

- ein Teelicht 
- eine Filtertüte 
- einen Filter 
- einen Esslöffel aus Metall 
- einen Teelöffel 

Nun könnt ihr mit dem Experiment beginnen:

1. Nehmt ein Glas und füllt es mit Leitungswasser. Gebt fünf Teelöffel Salz hinein und rührt gut um. Was seht ihr? Schreibt auf.

2. Taucht einen Finger in das Wasser und kostet. Wie schmeckt das Wasser? Wie kommt das? Schreibt auf.

3. Nun sollt ihr Wasser und Salz wieder trennen: Dazu legt ihr die Filtertüte in den Filter und gießt das Salzwasser hindurch in das zweite Glas. Kostet wieder. Wie schmeckt das Wasser nun? Hat sich der Geschmack verändert? Schreibt auf.

4. Zündet jetzt das Teelicht an. Bittet dafür eure Lehrerin um Hilfe. Haltet dann den Esslöffel mit etwas Salzwasser vorsichtig über das Teelicht. Was geschieht nach einer Weile? Schreibt auf.
5. Was könnte im Löffel zurückgeblieben sein? Schreibt eure Vermutungen auf.
6. Nun könnt ihr den Rückstand auf dem Löffel kosten. Aber Vorsicht: Der Löffel kann noch heiß sein! Versucht zu erklären, was geschehen ist.

BVK LW40 · Bungardt / Rathmann / Sanders / Schnitzler: Lernwerkstatt „Wattenmeer“

Wattenmeer

Arbeitsblatt Werkbereich 10: Rund ums Salz

Experiment: Die Schwimmboje

Für dieses Experiment benötigt ihr:

- ein 6 cm langes Stück Strohhalm 
- einen wasserfesten Stift 
- ein Lineal 
- ein großes Glas
- zwei mittelgroße Gläser 
- Leitungswasser 
- einen Löffel 
- Salz 

- Knete 
- Klebeband 

Nun könnt ihr mit dem Experiment beginnen:

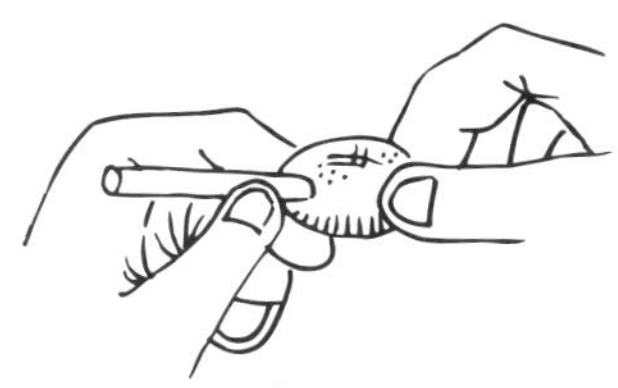

1. Bastelt aus dem Stück Strohhalm und der Knete eine Schwimmboje, indem ihr einen kleinen Klumpen Knete auf ein Ende des Strohhalms steckt.

2. Füllt das große Glas mit Leitungswasser (es muss mindestens 12 Zentimeter hoch mit Wasser gefüllt sein) und lasst nun die Boje in dem Glas schwimmen.

Tipps:

- Kippt die Boje zur Seite, ist der Klumpen Knete zu klein. Nehmt dann etwas mehr Knete.

- Sinkt die Boje auf den Boden, ist der Klumpen Knete zu schwer. Nehmt etwas weniger Knete.

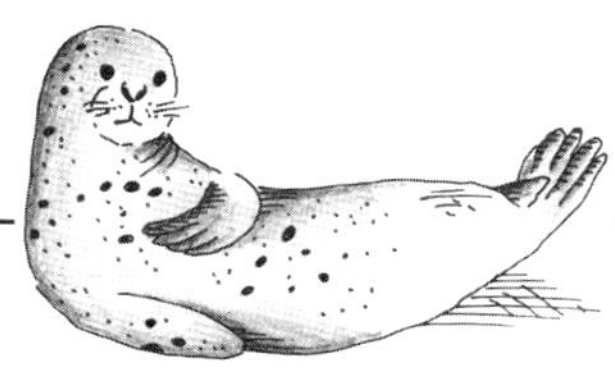

BVK LW40 • Bungardt / Rathmann / Sanders / Schnitzler: Lernwerkstatt „Wattenmeer“

Wattenmeer

3. Die Boje muss in dem Glas aufrecht schwimmen und ein Teil des Strohhalms muss aus dem Wasser ragen.

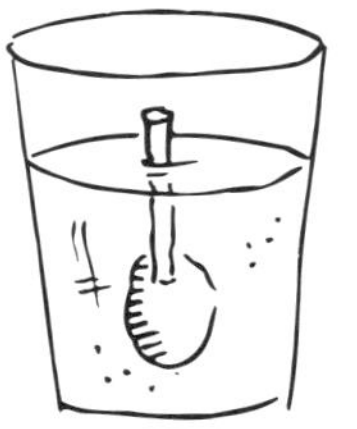

4. Nehmt die Schwimmboje nun aus dem Wasser heraus und trocknet sie gut ab. Zeichnet mit dem Lineal und dem Stift im Abstand von einem Zentimeter gut erkennbare Striche auf den Strohhalm.

5. Füllt nun die beiden übrigen Gläser mit Wasser und gebt in ein Glas 10–15 Löffel Salz hinzu. Rührt gut um, damit sich das Salz auflöst. Zur Unterscheidung der beiden Gläser könnt ihr sie mit Hilfe des Klebebandes kennzeichnen, damit ihr genau wisst, in welchem Glas Leitungswasser und in welchem Salzwasser ist.

6. Jetzt setzt ihr die Boje abwechselnd in jedes Glas.
   Schreibt die Anzahl der Striche auf, die ihr auf dem Strohhalm im Glas mit Salz- und Leitungswasser seht.

7. Sprecht über eure Beobachtungen und überlegt euch, was wohl passieren würde, wenn ihr mehr oder weniger Salz im Wasser auflösen würdet. Schreibt eure Vermutungen auf.
   Überprüft diese anschließend, indem ihr in das Leitungswasserglas nach und nach löffelweise Salz verrührt. Testet nach jedem hinzugefügten Löffel die Lage der Schwimmboje.

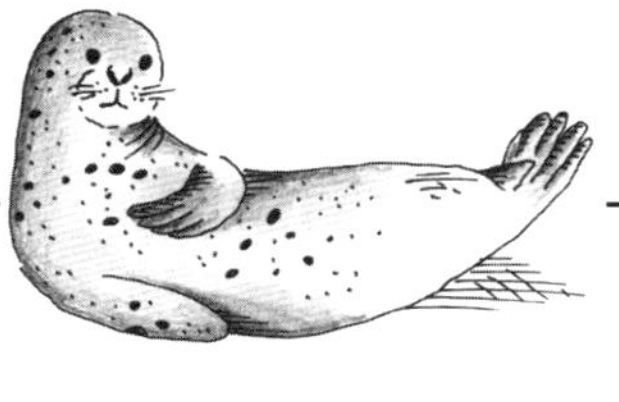

BVK LW40 • Bungardt / Rathmann / Sanders / Schnitzler: Lernwerkstatt „Wattenmeer“

Wattenmeer

Arbeitsblatt Werkbereich 10: Rund ums Salz

Experiment: Ein seltsames Ei

Für dieses Experiment benötigt ihr:

- ein rohes Ei
- ein großes Konservenglas
- eine kleine Kanne (oder ein Glas)
- einen Löffel
- Salz
- Leitungswasser

Normalerweise geht ein Ei im Wasser unter (ihr könnt es vorsichtig ausprobieren). Es gibt jedoch einen Trick, mit dem ihr ein Ei zum Schwimmen bringen könnt:

1. Füllt das große Konservenglas mit Wasser. Gebt mehrere Löffel Salz hinein und rührt gut um, bis sich das Salz aufgelöst hat.

2. Legt nun das Ei vorsichtig in das Wasser und beobachtet, was passiert. Schreibt eure Beobachtungen auf.

3. Füllt nun die kleine Kanne (oder das Glas) mit Leitungswasser und lasst das Wasser anschließend ganz vorsichtig am Rand des Konservenglases hineinlaufen. Was passiert? Schreibt auf.

4. Versucht, eure Beobachtungen zu erklären.

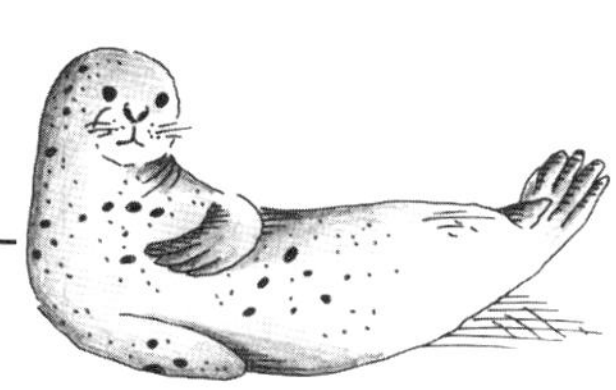

BVK LW40 · Bungardt / Rathmann / Sanders / Schnitzler: Lernwerkstatt „Wattenmeer"

Arbeitsblatt Werkbereich 13:
Die Strandwanderung – Lernwörter

heute	Strandwanderung	lange	entdecken	wandern
vorne	Spitze	liefern	Haut	durchnässt
Vögel	Gefieder	verklebt	schnell	Kreis
bilden	beobachten	vergeblich	überlegen	
plötzlich	Idee	schlagen	fliegen	
Naturstation	erfahren	Säuberung	Vogelstation	

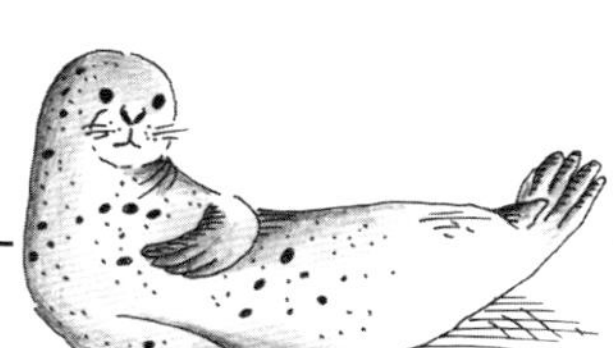

BVK LW40 · Bungardt / Rathmann / Sanders / Schnitzler: Lernwerkstatt „Wattenmeer"

Arbeitsblatt Werkbereich 13: Drehdiktat

Die Strandwanderung

Heute sollte die Klasse 4 c eine Strandwanderung machen. Sie waren aber noch nicht lange gewandert, da entdeckten Lena und Finn, die vorne an der Spitze liefen, zwei bis auf die Haut durchnässte Vögel, deren Gefieder verklebt waren. Schnell hatten alle Kinder der Klasse einen Kreis um die Vögel gebildet. Sie beobachteten, wie die Vögel vergeblich versuchten zu fliegen. Gemeinsam überlegten sie, was sie tun sollten. Tom hatte plötzlich eine Idee.

Er schlug vor, die beiden Vögel zur Naturstation zu bringen. Dort erfuhren sie, dass die Vögel zur Säuberung zur Vogelauffangstation gebracht werden sollten und warum sie bis auf die Haut durchnässt und ihre Gefieder verklebt waren.

Wattenmeer

Arbeitsblatt Werkbereich 14: Die Strandwanderung – Wie geht es weiter?

Heute sollte die Klasse 4 c eine Strandwanderung machen. Sie waren aber noch nicht lange gewandert, da entdeckten Lena und Finn, die vorne an der Spitze liefen, zwei bis auf die Haut durchnässte Vögel, deren Gefieder verklebt waren. Schnell hatten alle Kinder der Klasse einen Kreis um die Vögel gebildet. Sie beobachteten, wie die Vögel vergeblich versuchten zu fliegen. Gemeinsam überlegten sie, was sie tun sollten. Tom hatte plötzlich eine Idee.

- -

Die Strandwanderung

So geht die Geschichte weiter:
Er schlug vor, die beiden Vögel zur nächsten Naturstation zu bringen. Dort erfuhren sie, dass die Vögel zur Säuberung zur Vogelauffangstation gebracht werden sollten und warum sie bis auf die Haut durchnässt und ihre Gefieder verklebt waren.

Die Besatzung eines Tankers hatte Tage zuvor erst Öl ins Meer gelassen und danach die Ölkanister mit einem fettlösenden Mittel gesäubert. Dieses wurde ebenfalls ins Meer gelassen. Viele Vögel, die mit dem Öl oder dem chemischen Mittel in Kontakt kamen, waren ertrunken oder konnten so wie die beiden Vögel gerettet werden. Die Kinder waren erleichtert, dass sie wenigstens den beiden Vögeln hatten helfen können.

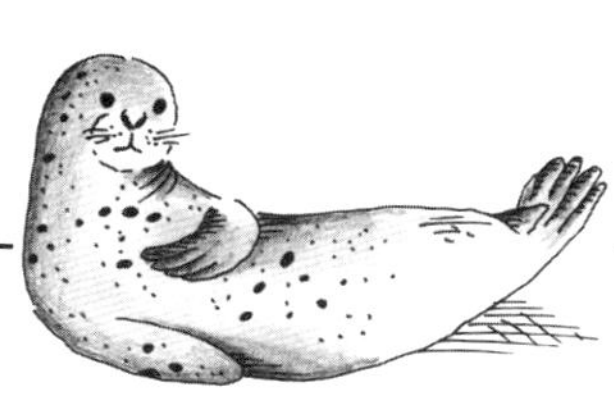

Wattenmeer

Werkbereich 15:
Der Satzglieder-Tintenfisch

Heute macht die Klasse 4 c eine Strandwanderung.
Lena und Finn laufen vorne an der Spitze.
Da entdecken sie zwei durchnässte Vögel.
Das Gefieder der beiden Vögel ist mit Öl verklebt.
Alle Kinder bilden einen Kreis um die Vögel.
Die Tiere können nicht mehr fliegen.
Tom hat plötzlich eine Idee.
In der Vogelauffangstation säubern sie die Vögel.

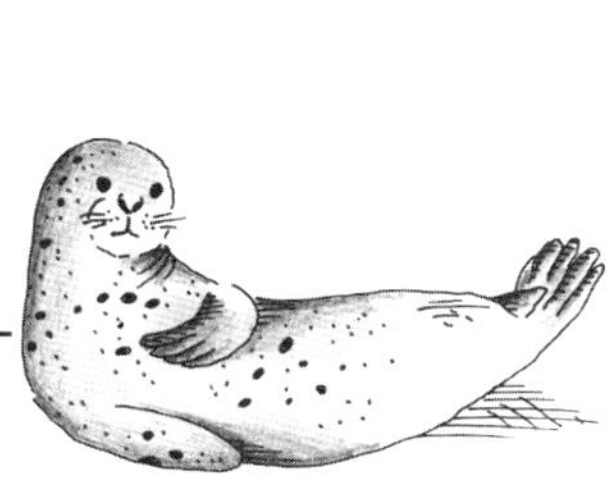

BVK LW40 · Bungardt / Rathmann / Sanders / Schnitzler: Lernwerkstatt „Wattenmeer“

Wattenmeer

Werkbereich 15:
Der Satzglieder-Tintenfisch

(Krake auf DIN A3 vergrößern, Krakenbeine in verschiedenen Farben anmalen)

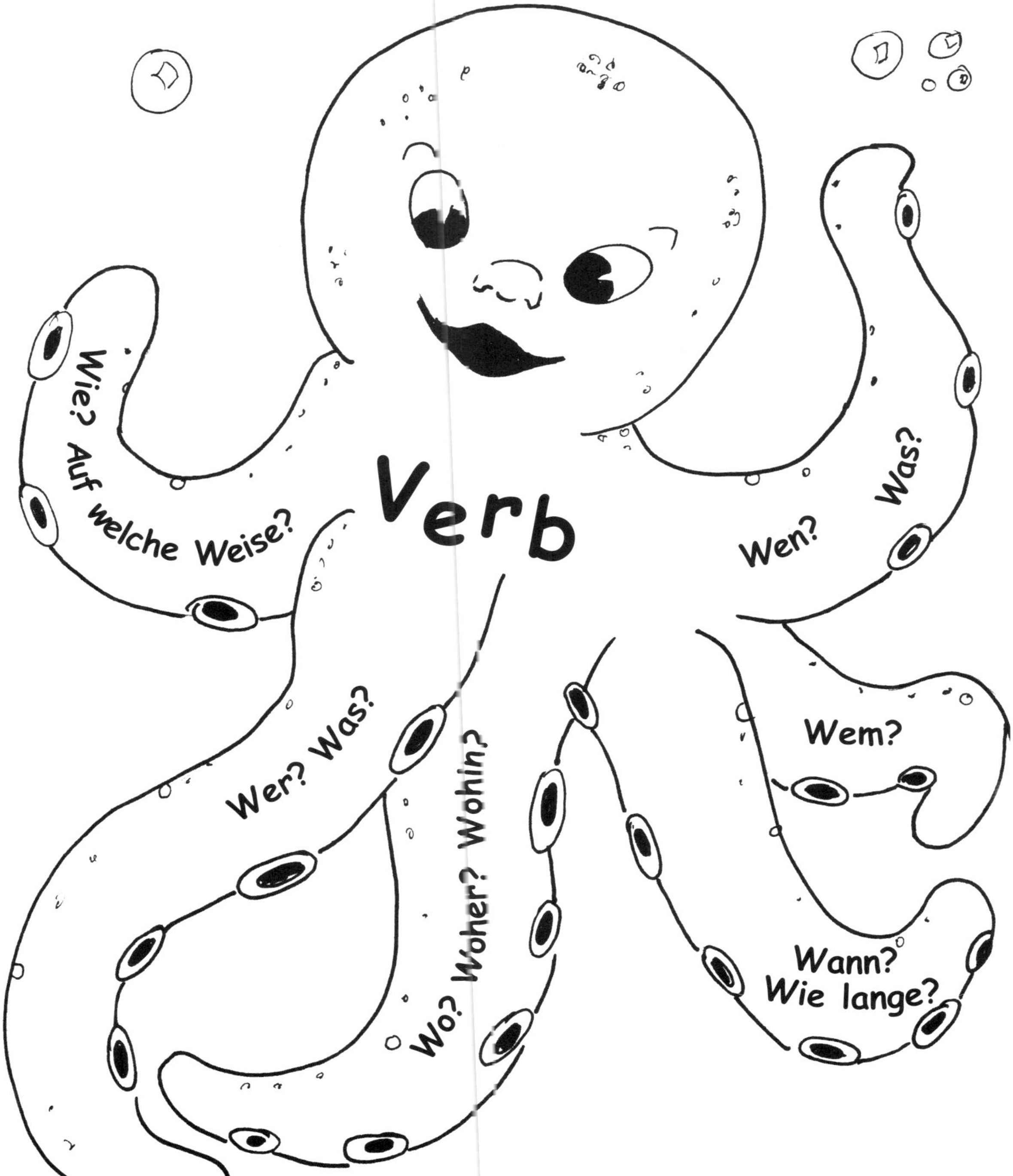

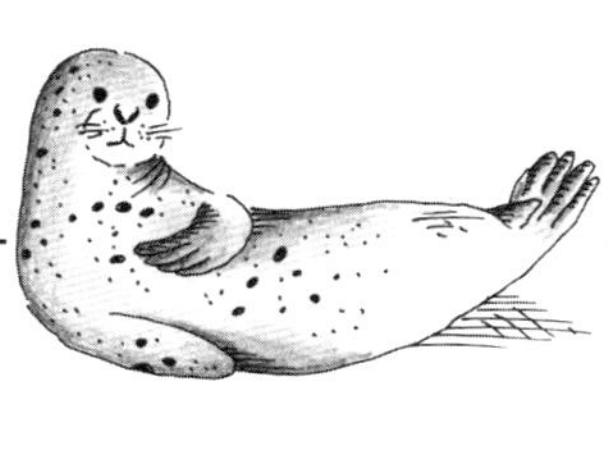

BVK LW40 · Bungardt / Rathmann / Sanders / Schnitzler: Lernwerkstatt „Wattenmeer"

Wattenmeer

Werkbereich 15:
Der Satzglieder-Tintenfisch

Spiel 1: Sätze untersuchen

Spielregel:
Zerschneidet die Satzstreifen in Satzglieder und ordnet sie den richtigen Krakenbeinen zu.

Aufgabe:
Schreibt die Sätze in das Heft und unterstreicht die Satzglieder in der entsprechenden Farbe.

Spiel 2: Passende Satzstreifen finden

Spielregel:
Legt abwechselnd Satzglieder in das richtige Krakenbein. Fangt mit der Verbkarte an.

Aufgaben:
- Findet Sätze mit möglichst vielen Satzgliedern. Schreibt drei Sätze in das Heft und unterstreicht die Satzglieder mit der entsprechenden Farbe.
- Findet Sätze mit wenigen Satzgliedern. Schreibt drei Sätze in das Heft und unterstreicht die Satzglieder mit der entsprechenden Farbe.

Tipp: Beginnt eure Sätze doch einmal in verschiedenen Krakenbeinen.

Spiel 3: Satzglieder erfinden

Spielregel:
Legt die Verbkarte in die Mitte. Erfindet durch Fragen eigene Satzglieder, schreibt sie auf die Kärtchen und legt sie in die Krakenbeine.

Aufgaben:
- Findet Sätze mit möglichst vielen Satzgliedern. Schreibt drei Sätze in das Heft und unterstreicht die Satzglieder mit der entsprechenden Farbe.
- Findet Sätze mit wenigen Satzgliedern. Schreibt drei Sätze in das Heft und unterstreicht die Satzglieder mit der entsprechenden Farbe.

Tipp: Beginnt eure Sätze doch einmal in verschiedenen Krakenbeinen.

BVK LW40 • Bungardt / Rathmann / Sanders / Schnitzler: Lernwerkstatt „Wattenmeer"

Wattenmeer

Infoblatt Sanddorn

Auf sandigen, feuchten Dünenböden begegnet uns ein Strauch, dem wir uns wegen seiner spitzen Dornen nur vorsichtig nähern sollten: der Sanddorn. Der sommergrüne Strauch blüht im März und April. Im August oder September sind die Früchte reif. Die Beeren sind orangefarben und sehr reich an Vitamin C. Wegen der stark verzweigenden Wurzeln kann der Sanddorn losen Sand festhalten, weshalb man ihn auch gerne an der Küste anpflanzt, um die Dünen zu festigen.

Der Sanddorn kann uns auch an ganz anderen Stellen, fern vom Meer, begegnen. Von Natur aus kommt er auch an Gebirgsflüssen vor. Auf vielen Kippen, Halden oder ehemaligen Tagebaugebieten wird dieser Strauch aufgrund seiner Anspruchslosigkeit gerne gepflanzt. Da, wo er gedeiht, sind die Böden für die meisten anderen Sträucher viel zu schlecht.

Übrigens: Der Sanddorn hat - im Gegensatz zu der Rose - tatsächlich Dornen. Auch wenn das Sprichwort sagt „Keine Rose ohne Dornen" hat die Rose in Wirklichkeit Stacheln. Dornen sind umgebildete Ästchen und Stacheln werden aus den obersten Hautschichten der Pflanze gebildet. Deshalb knicken Stacheln auch so leicht ab.

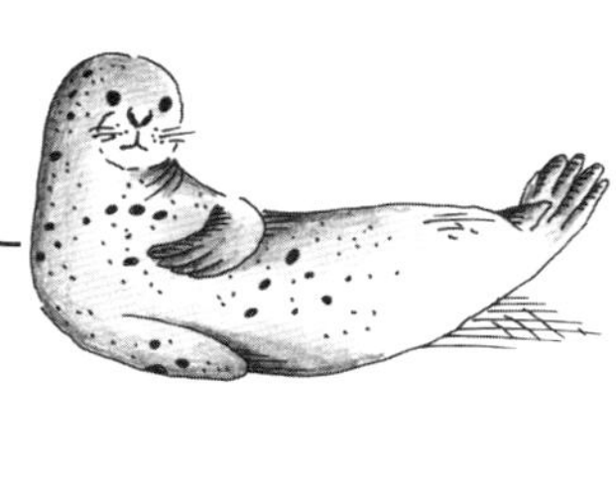

Wattenmeer

Infoblatt Strandhafer

Von besonderer Bedeutung für den Schutz der Küsten ist der Strandhafer. Dies ist ein graugrünes, bis zu 120 cm hohes Gras, das in dichten Rasen wächst. Es bildet ein dichtes Geflecht aus Wurzeln aus und festigt so den Boden der Dünen. Der Strandhafer verhindert zum Beispiel, dass der Wind den Sand der Dünen wegbläst oder der Regen ihn wegspült. Zudem ermöglicht er es anderen Pflanzen, ebenfalls in den Dünen zu wachsen. Denn die meisten Pflanzen können kein dichtes Wurzelgeflecht bilden, sondern haben nur feine Würzelchen, die dem Wind und dem Sand keinen Widerstand bieten können. So würde der Wind sie schnell wegwehen oder mit Sand überhäufen.

Weil der Strandhafer die Dünen so gut befestigt, wird er in großer Zahl angepflanzt und bildet so eine natürliche Dünenbefestigung. Ähnliche Bedeutung hat der Strandroggen, der ebenfalls viel angepflanzt wird. Auch wenn diese beiden Pflanzen den gleichen Namen tragen wie zwei wichtige Getreidearten, kann man die Samen zur Nahrungserzeugung für den Menschen nicht nutzen.

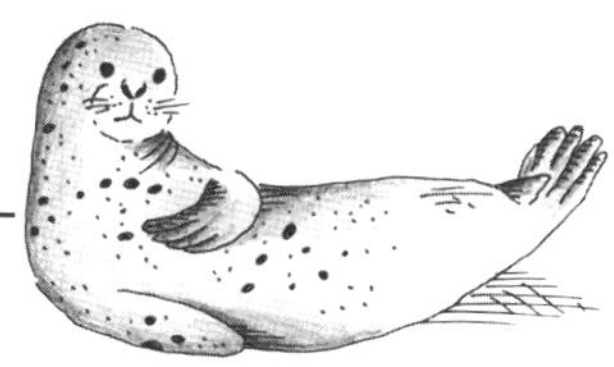

Wattenmeer

Infoblatt Andelgras

Den Andelrasen findest du auf der Salzwiese weiter landeinwärts, hinter dem Queller. Er ist sehr wichtiges Weidegras. Auch eine Überflutung kann diesem Rasen nichts anhaben. Das Andelgras wächst in Büschen zusammen, die wie kleine Inseln aussehen.

Die Grashalme sind entweder mehrfach geknickt oder haben aufrechte Stängel. Zum Spätsommer hin werden diese Halme immer länger und verwurzeln sich. Seine Blätter sind leicht verdickt und graugrün. Die Ährchen sind klein und haben meist 5–9 Blüten.

Das Gras blüht von Juni bis September.

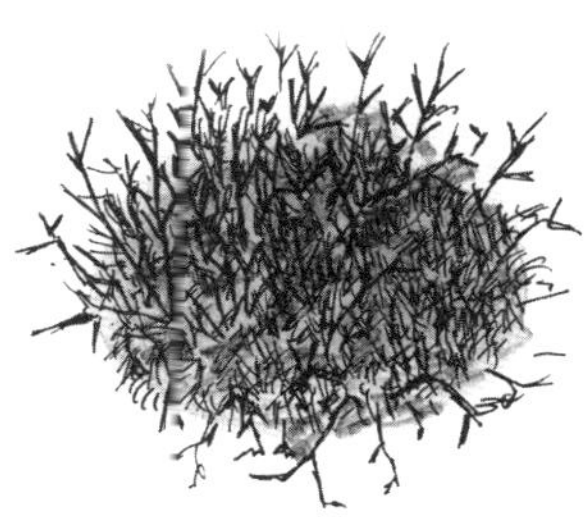

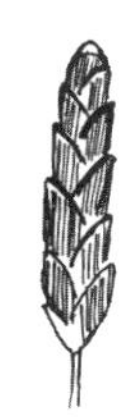

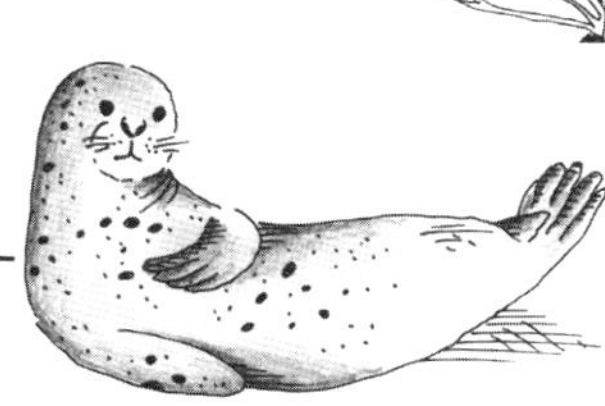

Wattenmeer

Infoblatt Queller

Die meisten Pflanzen kommen mit einer Substanz nicht klar, die für das Meer so typisch ist, das Salz. Kommen die Pflanzen mit Salzwasser in Berührung, so welken sie innerhalb kürzester Zeit, weil das Salz das Wasser aus den Zellen der Pflanzen heraussaugt. Doch einige Pflanzen haben es geschafft, sich an die Bedingungen salziger Küsten anzupassen. Eine dieser Pflanzen ist der Queller. Auf Schlick- und Schlammflächen steht er als eine der wenigen Pflanzen. Man erkennt ihn an seinen dicken, fleischigen und verzweigten Stängeln. Der Stängel ist hell- bis dunkelgrün, doch kann er sich auch braun oder rot verfärben. Dies geschieht dann, wenn er sehr starkem Sonnenlicht ausgesetzt ist. Denn dann stellt der Queller eine Art Sonnenschutz her, um zu verhindern, dass er von der Sonne verbrannt wird („Sonnenbrand"). Blätter sucht man beim Queller vergebens und auch die unscheinbaren, winzig kleinen Blüten sind nur mit Mühe zu entdecken.

Der Queller bildet mit seinen dichten Beständen eine ganz besondere Zone am Strand, die Quellerzone. Denn er ist ein Pionier, also eine Art, die als erste einen Ort besiedelt. Viele andere Pflanzen können erst dann wachsen, wenn der Queller ihnen den Boden bereitet hat.

Vor Jahrmillionen waren die Meere viel weiter ausgebreitet als heute. Deshalb findet man auch im Binnenland, also weit von der heutigen Küste entfernt, Stellen mit hohem Salzgehalt. Auch dort kann man den Queller finden.

Der Queller ist essbar, man kann ihn als Suppengemüse, als Salat oder auch sauer eingelegt essen. Auf das Salzen kann man dann verzichten, weil die Stängel sehr salzhaltig sind.

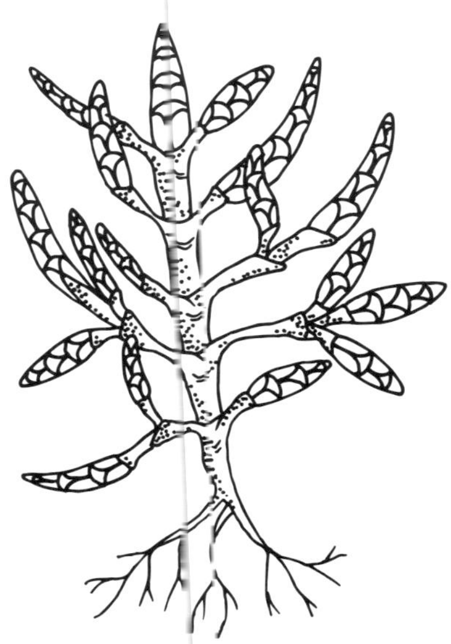

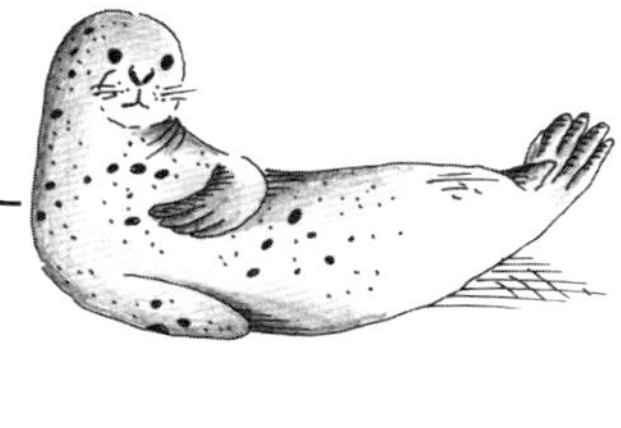

BVK LW40 · Bungardt / Rathmann / Sanders / Schnitzler: Lernwerkstatt „Wattenmeer"

Infoblatt Tang

Aus Aquarien kennen wir die kleinen grünen Algen, die sich auf den Scheiben festsetzen. Sie haben in den Meeren Verwandtschaft: Kleine grüne Algen leben auch dort, aber sie sind nicht die Einzigen. Denn in den Meeren leben auch die riesigen Meeresalgen, die man auch Tang (Mehrzahl Tange) nennt. Tange können Längen von zehn bis 15 Metern erreichen. An unseren Küsten bleiben sie zwar etwas kleiner, die größten erreichen aber auch bei uns noch Längen von ca. fünf Metern!

An den Stränden der Nordsee findet man häufig Teile des Blasentangs, die an den Strand gespült wurden. Die Tange selbst wachsen auf Felsen und Steinen in der mittleren Gezeitenzone. Diese liegt in der Nordsee in ca. 2 bis 2,5 Metern Tiefe.

Einige Meeresalgen werden auch als Nahrungsmittel für den Menschen gewonnen oder als Heilmittel genutzt. Der Blasentang zum Beispiel ist sehr reich an Jod und wirkt deshalb gegen Kropfbildung, Fettleibigkeit und andere Krankheitserscheinungen.

Zuckertang

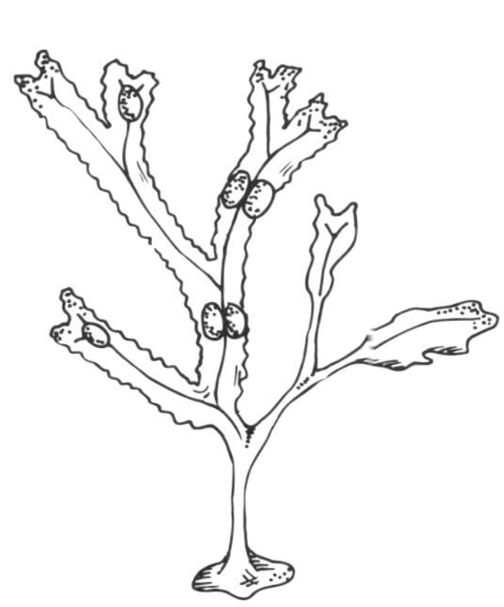

Blasentang

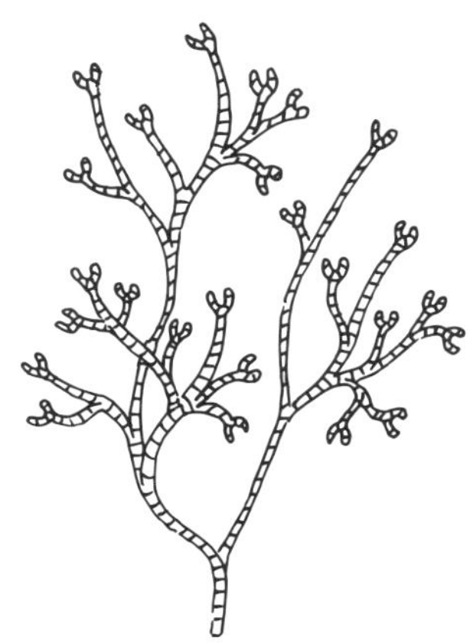

Horntang

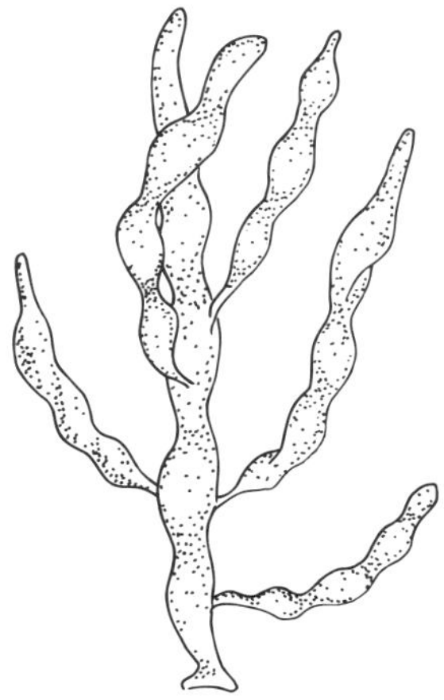

Darmtang

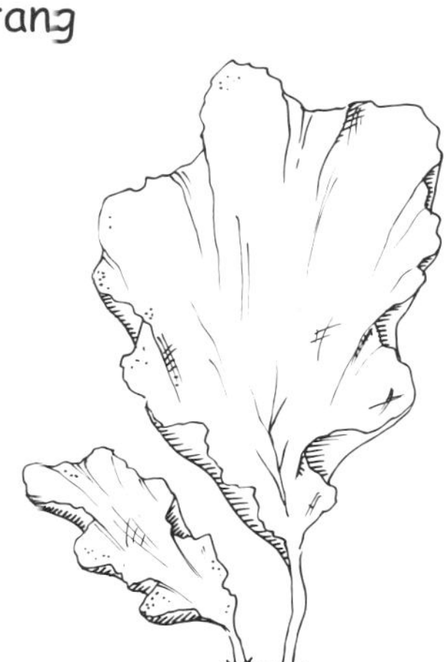

Meersalat

BVK LW40 • Bungardt / Rathmann / Sanders / Schnitzler: Lernwerkstatt „Wattenmeer"

Wattenmeer

Infoblatt Schweinswal

Einer der kleinsten Wale der Welt lebt auch an den Küsten von Nord- und Ostsee. Früher gab es ihn in großer Zahl, heute wird der Schweinswal immer seltener. Er kommt nahe der Küsten vor und meidet die Tiefsee.

Schweinswale, die man wegen ihrer Färbung auch als „Braunfische" bezeichnet, erreichen eine Länge von 1,4 bis 1,8 m und ein Gewicht von 40 bis 90 kg. Sie können 24 Jahre alt werden, das ist für Wale ein geringes Höchstalter.

Mit zwei bis drei Jahren werden Schweinswale geschlechtsreif. Nach einer Tragezeit von 10 bis 11 Monaten gebären die Weibchen alljährlich im Juni oder Juli ein Junges. Die Jungen werden etwa 8 bis 12 Monate lang gesäugt.

Schweinswale ernähren sich von Fischen und Tintenfischen. Zu Beginn der Abstillzeit (die Zeit, in der die jungen Schweinswale beginnen, außer der Muttermilch auch noch andere Nahrung zu sich zu nehmen) fressen die Jungen auch gerne Krebse.

Wer einen Schweinswal sehen möchte, braucht großes Glück. Denn im Gegensatz zu ihren größeren Verwandten, den Delfinen, springen sie nicht aus dem Wasser heraus. Auch leben sie einzeln oder nur in kleinen Grüppchen von drei bis fünf Tieren, weshalb sie kaum auffallen.

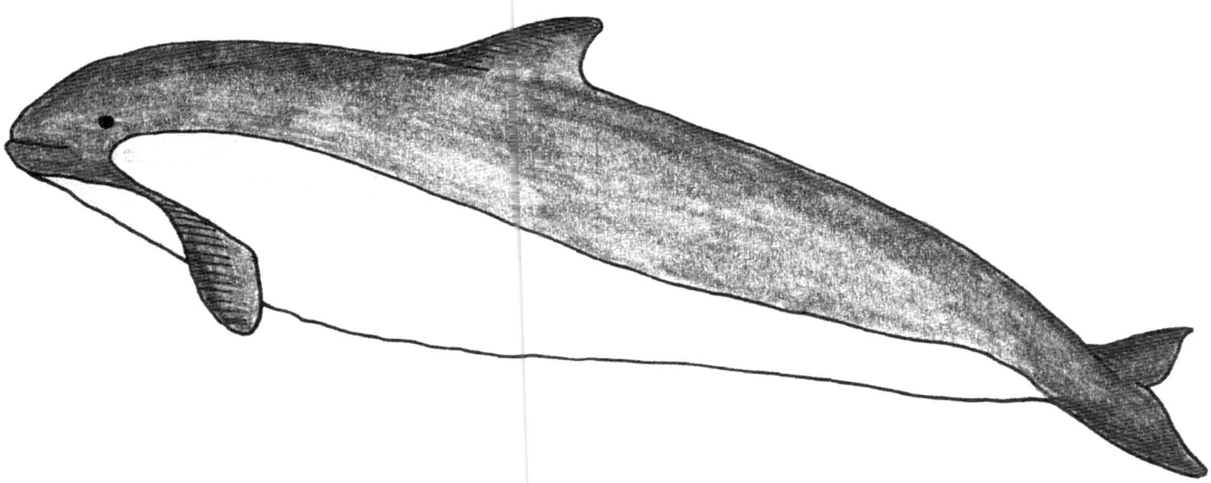

BVK LW40 • Bungardt / Rathmann / Sanders / Schnitzler: Lernwerkstatt „Wattenmeer"

Infoblatt Seehund

Der Seehund ist die häufigste Robbenart, die in der Nordsee vorkommt. Etwa 20 000 Tiere leben in der deutschen Nordsee. Seehunde verbringen fast ihr ganzes Leben im Wasser. Nur zum Sonnenbaden kommen sie für einige Stunden an Land. Dann liegen sie meist in Gruppen auf Sandbänken, an den Strand kommen sie so gut wie nie. Fast den ganzen Tag sind die Seehunde mit der Suche nach Nahrung beschäftigt. Fische und Tinterfische sind ihre Hauptbeute. Um ihre Beute zu fangen, tauchen sie bis zu 150 m tief.

Im Frühjahr oder Sommer werden die jungen Seehunde geboren. Die Weibchen bekommen ein Junges im Jahr, Zwillingsgeburten sind bisher nicht bekannt geworden. Die Geburt findet bei Ebbe auf einer Sandbank statt. Schon kurz nach der Geburt können die Jungtiere schwimmen, was für Robben sehr ungewöhnlich ist. Denn bei allen anderen Robbenarten dauert es einige Tage oder sogar Wochen, bis die Jungen schwimmen können. Etwa drei bis vier Wochen lang werden die Jungtiere von ihren Müttern gesäugt.

Die Hinterbeine aller Robbenarten bestehen aus Flossen. Einige Arten, wie zum Beispiel die aus Zoo oder Zirkus bekannten Seelöwen, können die Flossen nach vorne drehen und darauf laufen. Seehunde können das nicht, an Land können sie sich nur mit den Vordergliedmaßen vorwärts ziehen, sie robben.

Seehunde können bis zu 190 cm lang werden und erreichen ein Alter von 25 bis 30 Jahren.

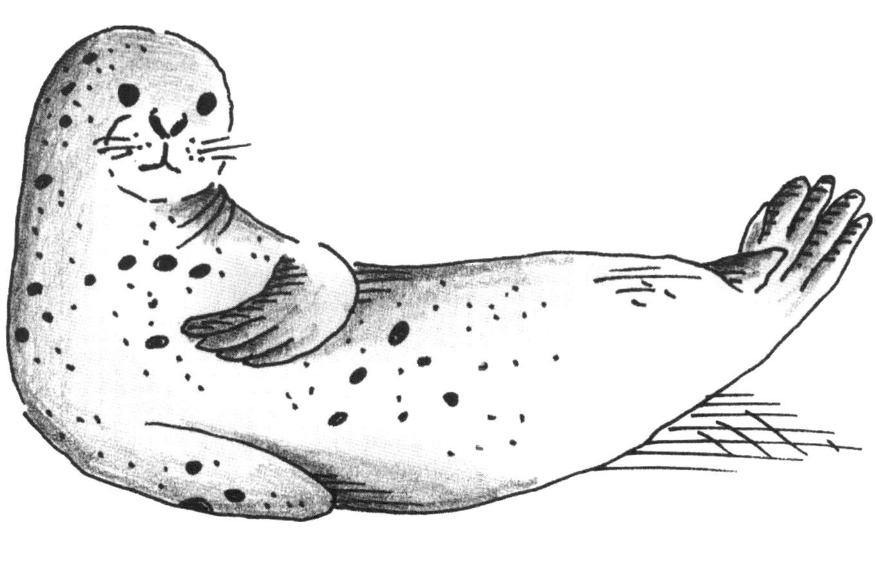

BVK LW40 • Bungardt / Rathmann / Sanders / Schnitzler: Lernwerkstatt „Wattenmeer"

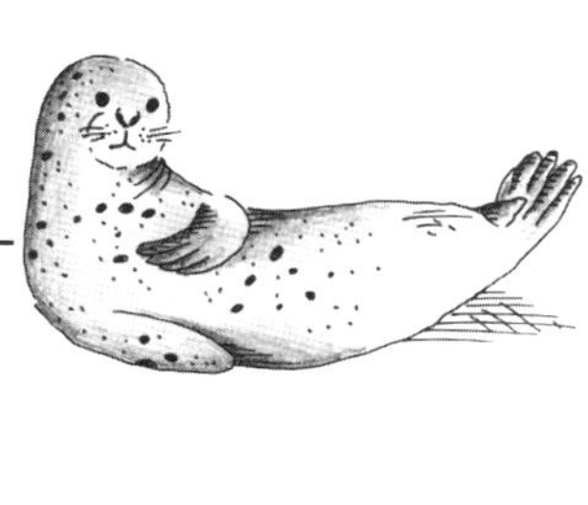

Wattenmeer

Infoblatt Sepia (Tintenfisch)

Jeder, der zu Hause einen Wellensittich hat, kennt die als Kalkspender benutzten weißen Platten, die es in jedem Zooladen zu kaufen gibt. Diese Platten werden als „Schulp“ bezeichnet und man kann sie häufig am Strand finden.
Der Schulp ist das Innenskelett eines Tintenfisches, der in unseren Meeren lebt und auch „Sepia“ genannt wird.

Zwar sagt man „Tintenfisch“, doch man müsste eigentlich von „Tintenschnecken“ sprechen, denn die Tintenfische sind nahe Verwandte von Schnecken und Muscheln.

Tagsüber leben die Tintenfische im Sandboden eingegraben oder verharren reglos zwischen Seegräsern. Am Abend werden sie aktiv und gehen auf Beutesuche. Findet der Tintenfisch ein Beutetier, etwa eine Muschel, einen Krebs oder einen kleinen Fisch, pirscht er sich mit wellenförmigem Schlag langsam an sein Opfer heran. Ist er ihm nahe genug, schnellen die Fangarme blitzschnell hervor, greifen die Beute und führen sie zum Mund, wo sie mit den kräftigen Kiefern gepackt wird.
Bei Gefahr stößt der Tintenfisch eine dunkle Flüssigkeit aus, die sich im Wasser wie eine Wolke ausbreitet und das Tier bei seiner Flucht tarnt.

Zur Laichzeit legen die Männchen ein prächtiges Balzkleid an, sie sehen dann aus wie Zebras.

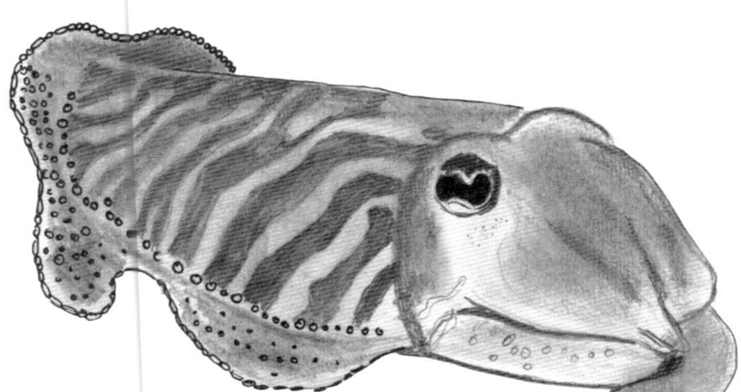

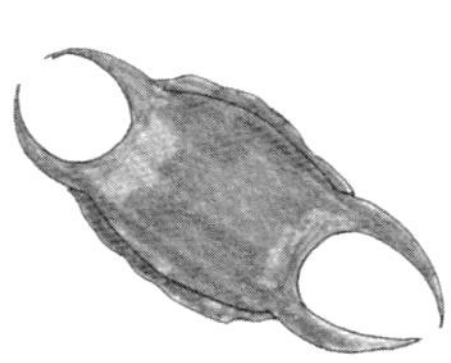

Kapsel mit Eiern des Tintenfisches:
Die Eier werden in schwarzen Kapseln an feste Gegenstände geklebt.
Aus den Eiern schlüpfen kleine, vollständig entwickelte Tintenfische.

BVK LW40 · Bungardt / Rathmann / Sanders / Schnitzler: Lernwerkstatt „Wattenmeer“

Wattenmeer

Infoblatt Austernfischer

Schwarzweißes Gefieder, rote Beine und roter Schnabel sind charakteristisch für den Austernfischer, einen der häufigsten Vögel im Wattenmeer. Er erreicht die Größe einer Taube. Drei bis vier Eier bebrütet der Austernfischer in einer kleinen Bodenmulde, die er in den Sandboden hineindrückt. Nistmaterial sucht er nur wenig oder gar keines.

Nicht alle Austernfischer fressen das Gleiche, sondern jeder hat so seine Vorlieben. Das nennt man spezialisiert. Man kann das an der Schnabelform erkennen. Da gibt es zum Beispiel Austernfischer, die sich vor allem von Wattwürmern ernähren. Ihre Schnäbel laufen spitz zu („Pfriemschnäbel") und sind zum Stochern in Schlick oder Sand bestens geeignet. Andere haben sich auf Muscheln spezialisiert. Deren Schnäbel sind etwas kürzer, vorne stumpf und – wenn man von vorne darauf schaut – recht breit. Daher nennt man sie „Hammerschnäbel". Hammerschnabel-Austernfischer arbeiten mit roher Gewalt, sie hämmern die Schalen der Muscheln auf. Ganz anders hingegen die „Meißelschnäbel". Sie fressen auch Muscheln, aber nutzen das Überraschungsmoment. Wenn eine Muschel ihre Klappen öffnet, stoßen sie den Schnabel schnell zwischen die Klappen und öffnen die Muschel durch Drehen des Schnabels. Dieser Schnabel sieht wie ein Meißel aus: Von der Seite gesehen hoch und breit, von vorne oder von oben betrachtet ist die Spitze ganz schmal.
Übrigens fressen die Austernfischer nur selten Austern, sondern meistens Mies- und Herzmuscheln.

Pfriemschnabel

Hammerschnabel

Meißelschnabel

BVK LW40 · Bungardt / Rathmann / Sanders / Schnitzler: Lernwerkstatt „Wattenmeer"

Wattenmeer

Infoblatt Silbermöwe

Mit kaum einem anderen Vogel verbindet man das Meer so wie mit den Möwen. Und dort kommen sie auch am häufigsten vor. Kein Strand, kein Schiff, an dem sie nicht zu Hunderten, ja Tausenden zu sehen sind. Aber Möwe ist nicht gleich Möwe, denn von den großen, weiß und grau gefärbten Vögeln gibt es an unseren Küsten etwa zehn verschiedene Arten.
Die bekannteste und häufigste Möwe an Nord- und Ostsee ist die Silbermöwe. Sie erreicht eine Länge von 56 bis 66 cm und ein Gewicht von 700 bis 1250 g. Silbermöwen können über 30 Jahre alt werden. Sie haben ein weißes Gefieder mit grauen Flügeloberseiten und schwarzen Flügelspitzen. Der große, kräftige Schnabel ist gelb und hat einen leuchtend roten Fleck. Die Beine der Silbermöwen an der Nordsee sind rosa, an der Ostsee können sie auch gelb sein.

Möwen sind Koloniebrüter. Dies bedeutet, dass sie nicht einzeln, sondern in Gruppen ihre Nester bauen und die Eier legen. Ihre zwei bis vier Eier legen die Möwen ab Anfang April. Nach einer Brutzeit von 28 bis 30 Tagen schlüpfen die Jungvögel. Sie sind schon recht weit entwickelt und verlassen die Nester kurz nach dem Schlupf. Vögel, die sich so verhalten, werden als Nestflüchter bezeichnet.

Möwen sind Allesfresser. Fisch, Aas, Krebse, Würmer, Früchte und viele andere Dinge stehen auf ihrem Speiseplan. Abseits der Küste findet man Möwen häufig auf Mülldeponien, wo sie sich von den Abfällen der Menschen ernähren.

BVK LW40 · Bungardt / Rathmann / Sanders / Schnitzler: Lernwerkstatt „Wattenmeer"

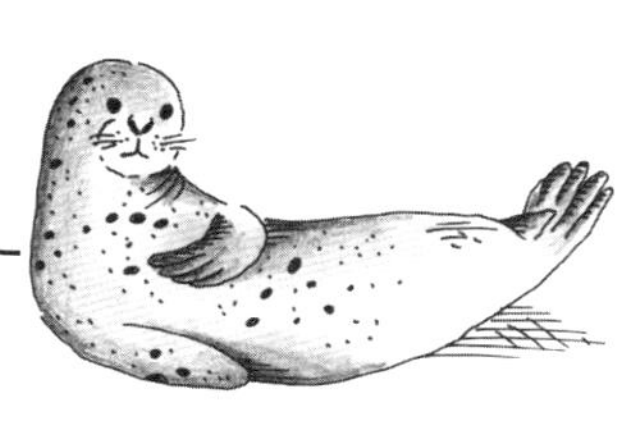

Wattenmeer

Infoblatt Strandkrabbe

Zwischen Steinen an den Buhnen (künstliche Dämme zum Uferschutz) sollte man genauer nachschauen, wenn man eine Strandkrabbe finden will. Dort verstecken sie sich bei Ebbe und erst bei der nächsten Flut krabbeln sie auf der Suche nach Nahrung wieder umher. Strandkrabben sind weltweit verbreitet und die häufigsten Krabben der Nordseeküste. Nachts verlassen sie das Wasser und laufen auf der Suche nach Nahrung am Strand entlang. Dabei bewegen sie sich seitwärts fort. Muscheln, Krebse, Würmer, Aas, ja sogar kleine Fische stehen auf ihrem Speiseplan. Die kräftigen Zangen, die vor allem dem Fangen der Beute dienen, werden von den Krabben auch zur Verteidigung eingesetzt. Damit können sie kräftig zukneifen.

Am Strand findet man häufig Reste von Krabben. Meist handelt es sich dabei um alte, nicht mehr gebrauchte Häute. Denn wenn eine Krabbe wächst, kann ihr äußerer Panzer nicht mitwachsen, der ist nämlich genau so starr wie eine Ritterrüstung. Der alte Panzer muss also „ausgezogen werden", wenn eine Krabbe größer wird. Der alte Panzer platzt auf und darunter liegt schon der neue, größere. Dieser ist aber zuerst noch weich und bietet der Krabbe keinen Schutz. Deshalb versteckt sie sich, bis der neue Panzer hart geworden ist.

Männchen und Weibchen der Strandkrabbe lassen sich leicht an der Form und der Größe des Schwanzes unterscheiden.

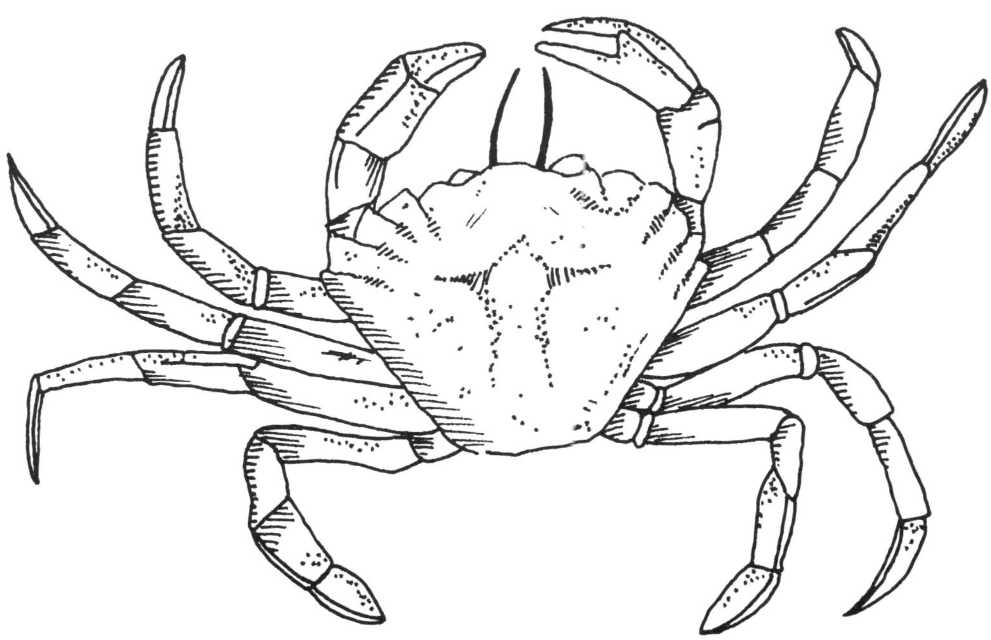

Wattenmeer

Infoblatt Herzmuschel

Eine der häufigsten Muscheln am Strand ist die gemeine oder essbare Herzmuschel. „Gemein“ bedeutet in diesem Zusammenhang so viel wie „häufig, allgemein vorkommend“ und nicht „böse“.

Im Gegensatz zu den Schnecken bestehen die Gehäuse der Muscheln aus zwei Hälften, den Klappen. Diese beiden Klappen stoßen an einer Seite zusammen und werden dort durch das sogenannte Schloss, eine Art Scharnier, zusammengehalten. Mit ihren kräftigen Muskeln kann die Muschel die beiden Klappen fest zusammenpressen und sich so vor Feinden oder Austrocknung schützen.

Herzmuscheln leben knapp unter der Oberfläche im Sand eingegraben. Zum Atmen stülpen sie einen Schnorchel aus, der in zwei Öffnungen endet. Durch die eine Öffnung wird Atemwasser angesaugt und durch die andere wieder ausgeschieden. Das Wasser strömt an den Kiemen vorbei, wobei ihm Sauerstoff entzogen wird, den die Muschel zum Atmen benötigt. Doch in diesem Wasser befinden sich auch kleinste Schwebstoffe, etwa kleine Algen. Diese werden an den Kiemen herausgefiltert und dienen der Muschel als Nahrung. Tiere, die sich auf diese Weise ernähren, werden daher als „Filtrierer“ bezeichnet. Jede Muschel kann an einem Tag bis zu zehn Liter Wasser filtern. So helfen sie mit, die Meere reinzuhalten.

Für viele Tiere stellen die Herzmuscheln eine wichtige Nahrungsquelle dar, zum Beispiel für Seesterne, Wellhornschnecken und Austernfischer. Auch für den Menschen ist sie essbar und wird daher in großer Menge gefangen.

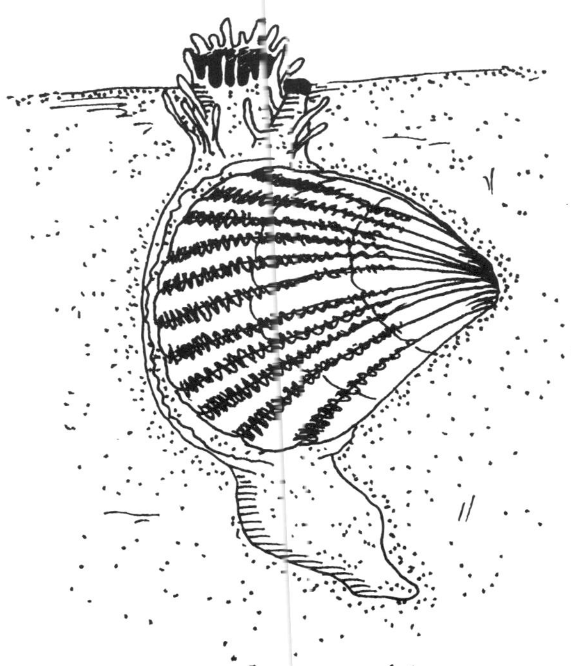

BVK LW40 · Bungardt / Rathmann / Sanders / Schnitzler: Lernwerkstatt „Wattenmeer“

Wattenmeer

Infoblatt Wattwurm

Bei einem Spaziergang durch das Watt fallen jedem Wanderer sofort die Sandhäufchen auf, die wie Spaghetti aussehen. Diese Häufchen stammen vom Wattwurm, den man auch Sandpier oder Köderwurm nennt. Der Wattwurm wird etwa 30 cm lang. Zum Schutz vor Feinden leben Wattwürmer fast ihr ganzes Leben lang in U-förmigen Röhren im Sand oder Schlickboden des Watts. Der Wurm gräbt diese Röhren mit seinem großen muskulösen Kopf, indem er ihn immer wieder kräftig in den Untergrund drückt. Am Kopfende der fertigen Röhre sackt von der Oberfläche immer etwas Bodenmaterial nach, sodass die Öffnung dort wie ein kleiner Trichter aussieht. Der Wattwurm verzehrt diesen Boden und lebt von den darin enthaltenen verdaulichen Stoffen. Den unverdaulichen Sand und Schlick scheidet er am Hinterende aus und bildet so die bekannten Häufchen.

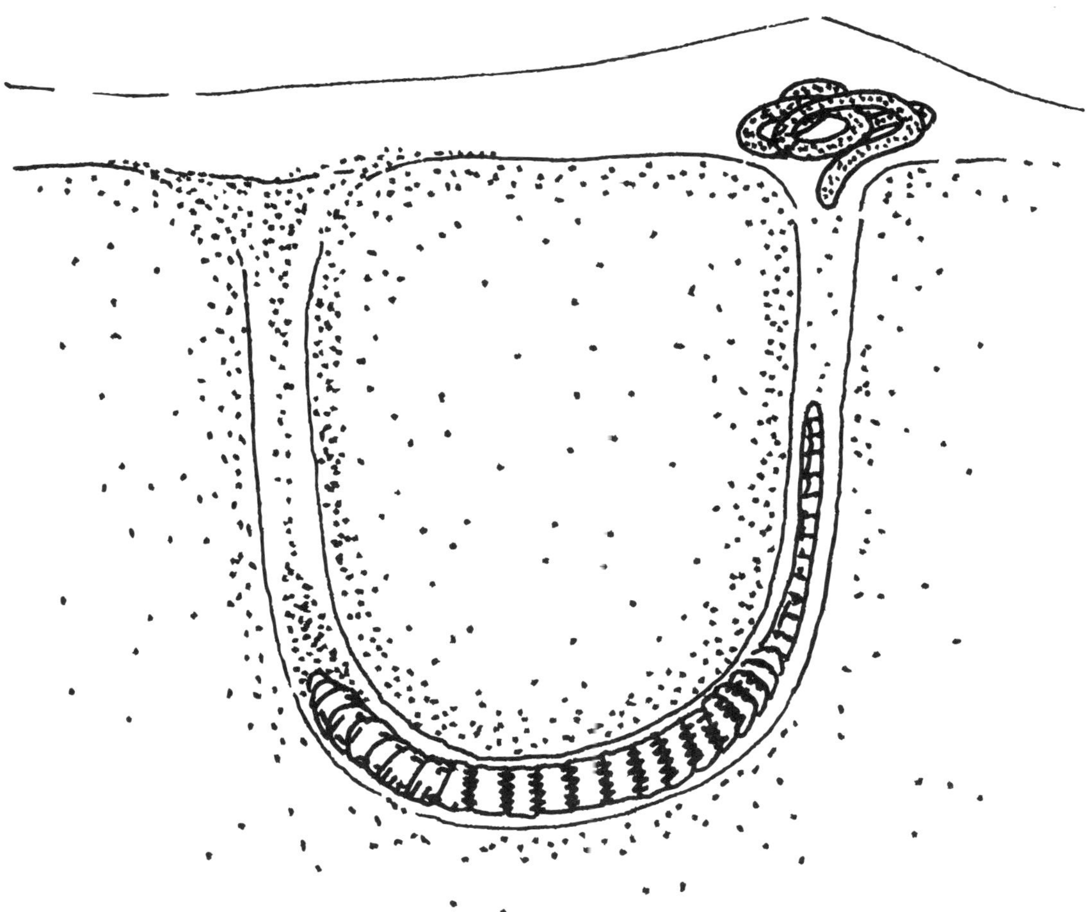

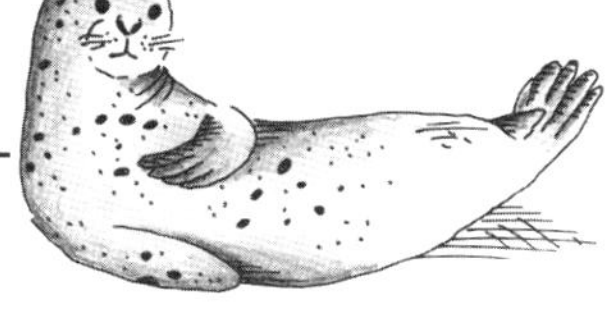

Infoblatt Wellhornschnecke

Bis zu 11 cm groß werden die Gehäuse der Wellhornschnecke. Diese große Schnecke spielt eine wichtige Rolle in den Meeren, denn sie ernährt sich vor allem von toten oder kranken Tieren und spielt so die Rolle des „Straßenfegers der Meere“. Ihre Hauptnahrung sind jedoch Muscheln. Hat die Wellhornschnecke ein Beutetier gefunden, wird es mit Fühlern und Vorderfuß genau untersucht. Die Muschel schließt darauf ihre Klappen ganz fest. Doch die Wellhornschnecke ist darauf eingestellt und wartet, bis die Muschel ihre Klappen wieder etwas öffnet. Blitzschnell schiebt sie dann ihren Vorderfuß in die Muschel hinein und kann dann ihre Mahlzeit beginnen. Eine Wellhornschnecke von fünf Zentimetern Länge kann eine Herzmuschel von drei Zentimetern Länge in 10 bis 20 Minuten verzehren.
Den Sauerstoff zum Atmen entnehmen die Wellhornschnecken dem Meereswasser. Deshalb leben sie auch nicht im Watt, denn bei Ebbe könnten sie nicht atmen. Vielmehr leben sie in den tieferen Bereichen des Meeres, weshalb man nur selten lebende Tiere findet. Die Gehäuse der toten Tiere werden aber oft an den Strand gespült. Dort findet man auch die Eiballen, die sich wie Pergamentpapier anfühlen. Die Gehäuse der toten Wellhornschnecken dienen vielen Tieren des Meeres als Unterschlupf. So benutzt sie zum Beispiel der Einsiedlerkrebs, um seinen empfindlichen Hinterleib zu schützen.

Übrigens: Wenn man ein Schneckengehäuse ans Ohr hält, hört man nicht etwa das Rauschen des Meeres, sondern vielmehr das Strömen des Blutes in seinem eigenen Ohr.

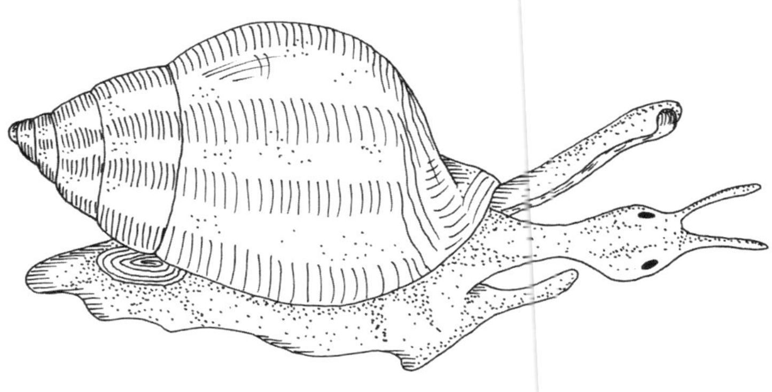

BVK LW40 · Bungardt / Rathmann / Sanders / Schnitzler: Lernwerkstatt „Wattenmeer“

Wattenmeer

Lösungen

Zu Werkbereich 1: Der Nationalpark Wattenmeer

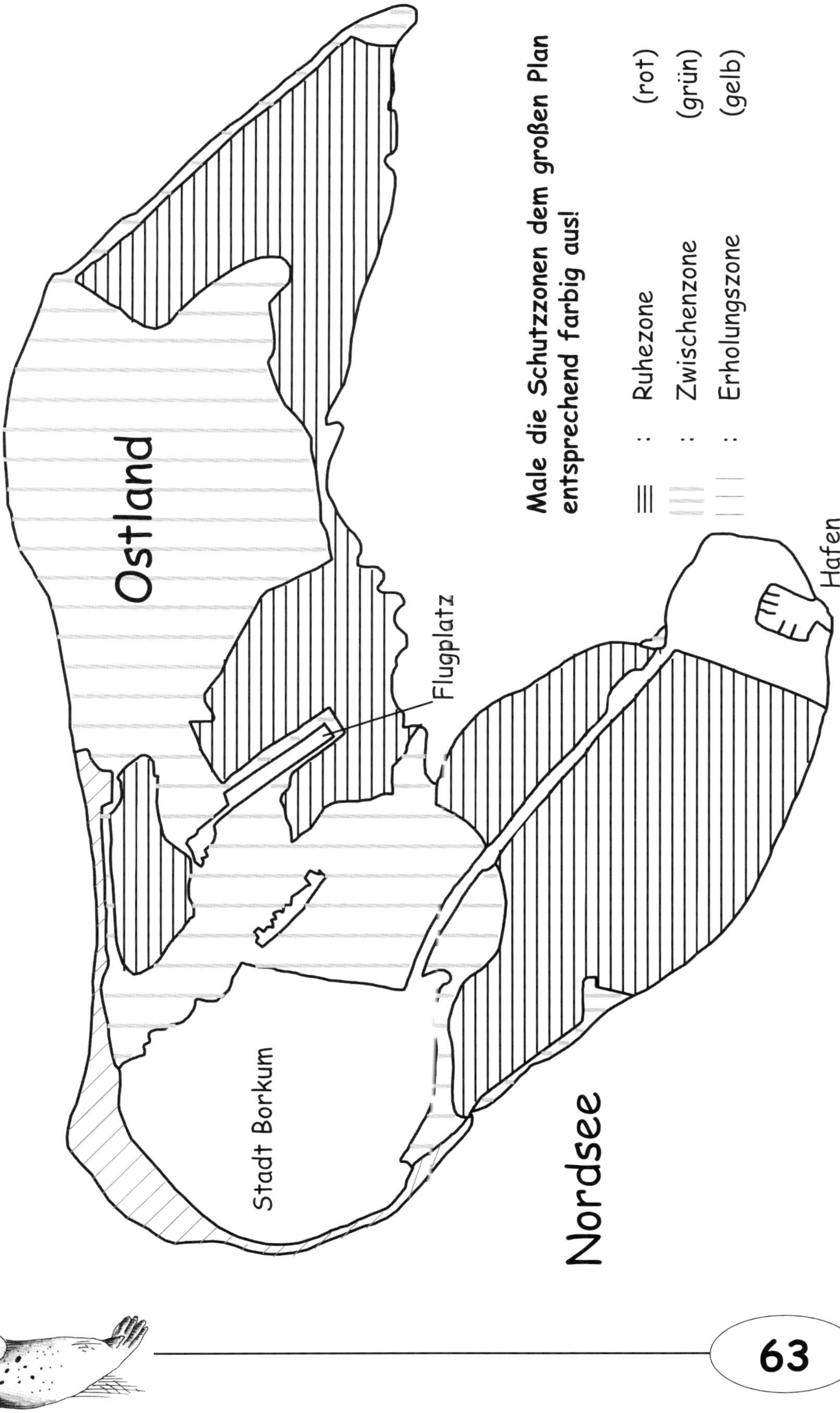

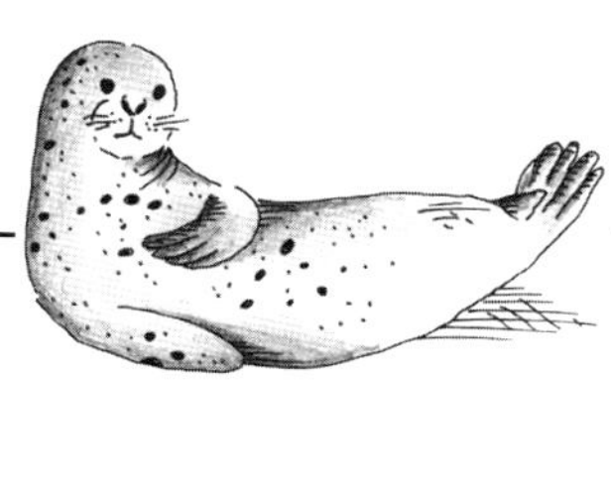

BVK LW40 · Bungardt / Rathmann / Sanders / Schnitzler: Lernwerkstatt „Wattenmeer"

Wattenmeer

Lösungen

Zu Werkbereich 3: Lückentext Ebbe und Flut

An fast an allen **Meeresküsten** kannst du etwas Seltsames beobachten. Der **Meeresspiegel** hebt und senkt sich in regelmäßigen Abständen. Etwa sechs Stunden steigt das **Wasser** des Meeres, dann fällt der Meeresspiegel wieder sechs Stunden lang. An der **Küste** kannst du dies täglich zwei Mal erleben. Wir nennen das Fallen und Steigen des Wassers die **Gezeiten**. Fällt das Wasser, so nennen wir es **Ebbe**, wenn der Meeresspiegel wieder steigt, ist **Flut. Tide** heißt der Zeitraum, den Ebbe und Flut zusammen einnehmen. Es gibt also jeden Tag **zwei** Tiden, da ein Tag **24** Stunden hat.
Die Gezeiten entstehen durch die **Anziehungskraft** von Sonne und Mond.
Erde, Mond und Sonne stehen bei **Neu- und Vollmond** wie in einer Reihe. Dann wirken die Anziehungskräfte von Sonne und Mond besonders **stark.** Der Wasserstand der Flut ist dann besonders hoch. Wir sprechen von einer **Springflut**.

Zu Werkbereich 5: Die Salzwiese – Kreuzworträtsel

						1.	A	N	D	E	L	Z	O	N	E					
2.	R	O	T	S	C	H	W	I	N	G	E	L	Z	O	N	E				
							3.	Q	U	E	L	L	E	R						
											4.	A	N	D	E	L	G	R	A	S
									5	R	I	N	G	E	L	G	A	N	S	
										6.	M	E	E	R	W	A	S	S	E	R
							7.	S	E	D	I	M	E	N	T	E				
							8.	S	A	L	Z	W	I	E	S	E				
														Y						

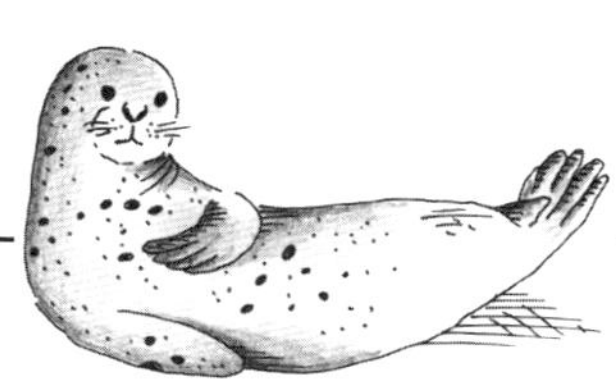